Somos Uno

Somos Uno

Historia, teología y gobierno de la Iglesia Cristiana (Discípulos de Cristo)

Pablo A. Jiménez

CHALICE
PRESS
ST. LOUIS, MISSOURI

Diseño interior y contraportada: Elizabeth Wright

Visite Chalice Press en la Internet en
www.chalicepress.com

10 9 8 7 6 5 4 3 2 1   05 06 07 08 09

Library of Congress Cataloging-in-Publication Data

Jiménez, Pablo A.
  Historia, teología y gobierno de la Iglesia Cristiana (Discípulos de Cristo) en Estados Unidos / Pablo A. Jiménez.
    p. cm.
  Includes bibliographical references (p.   ).
  ISBN 10: 0-827234-62-7 (pbk. : alk. paper)
  ISBN 13: 978-0-827234-62-7
  1. Christian Church (Disciples of Christ) I. Title.
  BX7321.3.J46 2005
  286.6'3—dc22

                                        2005007534

Impreso en los Estados Unidos de América

Contenido

Introducción

La Iglesia Cristiana (Discípulos de Cristo) en los Estados Unidos y Canadá (ICDC; en inglés, "Christian Church (Disciples of Christ) in the United States and Canada") es una denominación protestante estadounidense, fundada a principios del siglo XIX en lo que aquel entonces era la frontera del país. Con el tiempo, la ICDC alcanzó a la comunidad de habla hispana en los Estados Unidos, estableciendo congregaciones en distintos puntos de la nación. Al momento de escribir este libro, nuestra iglesia cuenta con más de 130 congregaciones y misiones de habla hispana o bilingüe.

Aunque 130 congregaciones parecen pocas, comparadas con el número que tienen otras denominaciones, en realidad el componente hispano de nuestra denominación está creciendo rápidamente. Como veremos con algún detalle más adelante, en el 1969 nuestra denominación apenas tenía 18 congregaciones hispanas organizadas. Por lo tanto, la cantidad de congregaciones hispanas afiliadas al movimiento Discípulos de Cristo en los Estados Unidos ha aumentado en más de 720% en los pasados 35 años.

Aunque este vertiginoso crecimiento es ciertamente una bendición divina para nuestra iglesia, no podemos negar los desafíos que presenta. Uno de los desafíos principales es el desarrollo de líderes que puedan servir al creciente número de congregaciones hispanas y bilingües. Este desafío se hace más agudo si consideramos que muchas de las personas que están pastoreando nuestras nuevas congregaciones provienen originalmente de otras denominaciones cristianas, particularmente de movimientos pentecostales o de congregaciones independientes. Estas personas necesitan materiales que les permitan conocer mejor nuestra denominación.

El propósito de este libro es, pues, ofrecer una introducción a la historia, las creencias básicas y el gobierno de la Obra Hispana Discípulos de Cristo. La introducción será sencilla, aunque abarcadora. Este libro aspira a ayudar a sus lectores y lectoras a aprender conceptos básicos que les permitan comprender mejor nuestra denominación y que les lleven a estudiar otros libros más detallados sobre la historia y el pensamiento teológico de la ICDC.

En este punto debemos definir el concepto "Obra Hispana". Este término se refiere a la vida y la obra de las congregaciones hispanas y bilingües de la ICDC en Estados Unidos. Como indicamos anteriormente, a mediados del 2004 la Obra Hispana cuenta con más de 130 congregaciones y misiones organizadas en seis Convenciones

Hispanas y Bilingües:

1. *Arizona:* Agrupa las congregaciones en ese estado, que son mayormente méxico-americanas o centro-americanas.

2. *Medio Oeste:* Agrupa congregaciones en los estados de Illinois, Indiana, Kentucky, Missouri, Kansas, Ohio y Wisconsin. Aunque el liderazgo de estas congregaciones es mayormente puertorriqueño, su feligresía es cada vez más diversa.

3. *Noreste:* Agrupa congregaciones en los estados de Connecticut, Massachusetts, New Jersey, New York, Pennsylvania y Washington DC. Incluye también las congregaciones en Canadá. Históricamente, la feligresía de nuestras congregaciones en el Noreste ha sido de origen caribeño, proveniente de la República Dominicana y de Puerto Rico. Sin embargo, el componente centro y suramericano continua creciendo en este sector.

4. *Pacífico:* Agrupa congregaciones en el sur de California, que son mayormente méxico-americanas y centroamericanas.

5. *Sureste:* Agrupa congregaciones en Georgia y en la Florida. Su feligresía es predominantemente puertorriqueña.

6. *Suroeste:* Agrupa congregaciones en Louisiana, Oklahoma y Texas. Casi toda su feligresía es de trasfondo mexicano, centro o suramericano.

En unión a estas congregaciones, existen iglesias en desarrollo en otros estados. Prevemos, pues, la organización de otras Convenciones Hispanas que las agrupen.

Este libro está organizado de la siguiente manera. Luego de esta *introducción*, el primer capítulo ofrece una breve introducción a la *historia* de la ICDC. Esta reseña histórica provee un marco para entender el resto del libro. El segundo capítulo habla de la *historia* de la Obra Hispana, explicando el desarrollo de las estructuras que existen hoy día. El tercer capítulo presenta las *creencias* básicas de nuestra denominación. El último capítulo explica el *gobierno* de la ICDC. El libro termina con una bibliografía anotada y una serie de apéndices sobre la historia de la Obra Hispana.

Terminamos esta introducción agradeciendo la ayuda de las personas que lo han hecho posible. Damos gracias a David A. Vargas, quien nos ayudó a desarrollar la propuesta para este libro; a Carmen R. Fernández, quien leyó los manuscritos con detalle; y a Lucas Torres, quien nos dio varias recomendaciones para mejorar el manuscrito.

Finalmente, queremos darle las gracias al cuerpo ministerial hispano y a las congregaciones hispanas y bilingües de nuestra denominación. Gracias por su amor y por su arduo trabajo en beneficio de la comunidad de habla hispana en los Estados Unidos y Canadá. A ustedes, con cariño y respeto, va dedicado este libro.

Pablo A. Jiménez
30 de agosto de 2004
Indianápolis, Indiana

1

Breve reseña histórica de la ICDC

I. Introducción

El final del siglo XVIII fue testigo del nacimiento de un fenómeno religioso muy particular en los Estados Unidos: El Movimiento de Restauración. Este movimiento buscaba reformar la Iglesia de su tiempo, tomando como modelo las enseñanzas del Nuevo Testamento, principalmente la descripción de la Iglesia Primitiva en el libro de los Hechos de los Apóstoles. Es decir, el movimiento buscaba restaurar el cristianismo de la época de acuerdo al modelo provisto por la Iglesia Primitiva.

La Iglesia Cristiana (Discípulos de Cristo) en los Estados Unidos y Canadá (ICDC), organizada de los años 1804 al 1849, es una de las muchas denominaciones que surgieron a consecuencia del Movimiento de Restauración. En su origen, nuestra Iglesia surgió como un movimiento que buscaba una adoración y un estilo de gobierno que se adaptara a la realidad de la vida norteamericana, particularmente en la frontera. En este capítulo ofrecemos un resumen de la historia de la ICDC, como preámbulo al estudio de la historia, la teología y el gobierno de la Obra Hispana Discípulos de Cristo.

II. El Movimiento de Restauración

El Movimiento de Restauración surge en respuesta a las condiciones que afectaban a la comunidad cristiana en la frontera estadounidense. Casi todas las denominaciones protestantes que existían en los Estados Unidos durante el siglo XVIII tenían raíces en Europa, razón por la cual los europeos controlaban su gobierno y su teología. Además, durante los siglos que siguieron inmediatamente a la Reforma Protestante, las iglesias que surgieron como parte de este movimiento se volvieron cada vez más rígidas y exclusivistas. Esto es lo que la historia de la Iglesia llama el "escolasticismo protestante", que causó serias divisiones no sólo entre los grupos episcopales, luteranos, reformados y bautistas sino también dentro de dichos movimientos.

La inconformidad con las estructuras religiosas de la época llevó a varios ministros a romper públicamente con sus denominaciones. Por ejemplo, James O'Kelly,[1] un ministro en el estado de Virginia, se separó de la Iglesia Metodista, en protesta al control que tenían sus Obispos, organizando la "Iglesia Cristiana" en 1794. Del mismo modo, Abner Jones y Elías Smith rompieron con su tradición bautista en protesta a la búsqueda de apoyo económico del gobierno y a la doctrina calvinista de la predestinación.[2] Estos llamaron su grupo "Cristianos" o la "Conexión Cristiana", proclamando su deseo de purificar la Iglesia de acuerdo al modelo del Nuevo Testamento. Estos son apenas dos ejemplos del fervor que provocaba la idea de reformar la Iglesia, restaurando los valores y las prácticas del Nuevo Testamento.

III. Los orígenes de la ICDC: 1804-1830

La ICDC es el resultado de la unión de los dos grupos más importantes del "Movimiento de Restauración",[3] que también era conocido como "la segunda reforma" o, sencillamente, como "la reforma".[4]

El primero de estos movimientos fue organizado en el estado de Kentucky por un ministro presbiteriano llamado Barton W. Stone (1772-1844). Stone comenzó a organizar campañas de avivamiento en Cane Ridge, el sector de Kentucky donde pastoreaba. Las campañas duraban varios días, dando espacio a que familias viajaran varias millas y acamparan en los terrenos cercanos a la iglesia. Como en aquel tiempo no habían equipos electrónicos para amplificar sonido, Stone invitaba a los ministros de las congregaciones cercanas para que le ayudaran a predicar. Era común que se ofrecieran varios servicios simultáneamente, donde tres o cuatro ministros le predicaban a grupos de entre 50 a 100 personas.

Las campañas de Stone escandalizaron a los líderes de su denominación por dos razones principales. Primero, Stone invitaba a personas y a ministros de distintas denominaciones, muchos de los cuales tenían principios teológicos muy distintos a los de la Iglesia Presbiteriana. Segundo, las campañas eran de corte carismático, por lo cual se daban manifestaciones extáticas tales como la danza, los temblores corporales y expresiones verbales incoherentes. La crítica de sus compañeros denominacionales fue tan severa que Stone y otros cinco ministros decidieron separarse del Presbiterio de Cane Ridge, del cual formaban parte, fundando el Presbiterio de Springfield.

Sin embargo, las controversias continuaron, motivando a Stone y a sus colegas a disolver el nuevo presbiterio. El 28 de junio de 1804 publicaron un documento llamado "La última voluntad y testamento del Presbiterio de Springfield". Este documento afirma la autoridad de la Iglesia local, rehusando reconocer la autoridad de cualquier otra organización religiosa. Del mismo modo, afirma la autoridad suprema de las Escrituras sobre cualquier credo o política religiosa. Finalmente, afirma la unidad de todas las personas creyentes, expresando que el presbiterio se disolvía para "sumergirse en unión con el cuerpo de Cristo."[5] A partir de ese momento, Stone rechazó las etiquetas denominacionales, prefiriendo llamarse "cristiano". Con el tiempo, su movimiento llegó a ser conocido como "Iglesias Cristianas" o "Iglesias de Cristo".

El segundo grupo fue fundado por Tomás Campbell (1763-1854) y su hijo Alejandro (1788-1866). Estos eran inmigrantes provenientes de Escocia, quienes se establecieron en lo que ahora es Virginia Occidental. Tomás y Alejandro pertenecían a una facción de la Iglesia Presbiteriana en Escocia que se distinguía por su sectarismo y por su rigidez en materias de doctrina y gobierno eclesiástico. Específicamente, esta facción se llamaba la "Iglesia Presbiteriana de la Secesión de la Antigua Luz Anti-Burguesa". Su nombre deja claro que este grupo era una división, de una división, de una división de la Iglesia Presbiteriana en Escocia.

Tomás Campbell llegó a los Estados Unidos en el 1807, siendo bien recibido por sus compañeros de la Iglesia de la Secesión Anti-Burguesa.[6] Pronto fue asignado por el Presbiterio de Chartiers a predicar en Pennsylvania, donde encontró varios paisanos, muchos de los cuales le conocían desde Escocia. Tomás se preocupó cuando encontró varias familias presbiterianas que por largo tiempo no habían podido participar en servicios de comunión. Esto le llevó a celebrar un servicio de comunión al cual invitó a personas de diversas facciones presbiterianas. En octubre del 1807 el presbiterio recibió informes del servicio de comunión abierta y tomó acción en contra de Tomás, acusándole de violar los preceptos de la doctrina de su iglesia. Esto comenzó un largo proceso que, en marzo del 1808, llevó al presbiterio a suspender indefinidamente a Tomás. Su apelación al sínodo también fue rechazada, resultando en su suspensión en septiembre del 1808.

En 1809, Tomás Campbell decidió separarse de la Iglesia Presbiteriana, fundando la Asociación Cristiana de Washington. Campbell esbozó los principios y objetivos de la Asociación en un documento llamado "Declaración y mensaje". El principio del documento contiene su frase más citada y más memorable: "Que la Iglesia de Cristo en la tierra es esencial, intencional y constitucionalmente una".[7] El documento también afirmaba la autoridad suprema de las Sagradas Escrituras, entre otros puntos importantes.[8]

Alejandro Campbell llegó a los Estados Unidos en el 1809, pocas semanas después de la fundación de la Asociación. Durante su viaje a los Estados Unidos, Alejandro había repensado su fe, abandonando varios de los preceptos de la Iglesia de la Secesión. Por esta razón, Alejandro se unió inmediatamente al movimiento de su padre, convirtiéndose en el líder del grupo. En el 1811, los Campbell organizaron su primera congregación, en un lugar llamado "Brush Run" en lo que hoy es Virginia Occidental. Al igual que Stone, los Campbell rechazaban las etiquetas denominacionales, prefiriendo llamarse "discípulos" de Cristo. Esto explica por qué las iglesias de este movimiento llegaron a ser identificadas con el nombre de "Discípulos de Cristo".

Durante unos 15 años, los "Discípulos" se relacionaron con diversas Asociaciones Bautistas (1815-1830), lo que llevó a los Campbell a adoptar la doctrina del bautismo de creyentes por inmersión. Sin embargo, el crecimiento de los Discípulos y sus posiciones radicales provocaron que éstos fueran expulsados de los grupos bautistas. Finalmente, el grupo de los Campbell entró en contacto con el grupo de Stone, explorando la posibilidad de unirse.

IV. Crecimiento y expansión: 1830-1866

Los Cristianos y los Discípulos se unieron formalmente en un culto celebrado el 1ro de enero de 1832 en Lexington, KY.[9] En ese momento el grupo de los Cristianos contaba con cerca de 12,000 miembros y el de los Discípulos con 10,000. Desde ese momento, nuestras congregaciones han sido llamadas "Iglesias de Cristo" o "Iglesias Cristianas" (Discípulos de Cristo). El nombre compuesto honra las dos vertientes que formaron nuestra denominación.

Nuestro movimiento tuvo un crecimiento extraordinario durante sus primeros años. Desde el 1832 hasta el 1860 la feligresía de los Discípulos aumentó de 22,000 a casi 200,000 en 2,100 congregaciones.[10] Del mismo modo, se establecieron congregaciones desde Michigan hasta Texas y desde Virginia hasta Oregón. Esto explica por qué la presencia de los Discípulos de Cristo está concentrada en el Medio Oeste, el Suroeste y el Oeste del país.

En parte, el crecimiento se debió a los periódicos que avanzaban las ideas del movimiento. Alejandro Campbell produjo "El Cristiano Bautista", cambiando su nombre a "El Heraldo Milenario" en 1830. Stone también publicaba un periódico, llamado "El Mensajero Cristiano". Estas publicaciones ayudaron a diseminar los ideales del Movimiento de Restauración.

V. Organización: 1866-1917

Alejandro Campbell murió en 1866, años después de Tomás (1854), su padre, y de Barton Stone (1844).[11] La muerte de los fundadores forzó al liderazgo del movimiento a organizarse mejor. De este modo, se afirma el trabajo de la Sociedad Misionera Cristiana Americana (en inglés, "American Christian Missionary Society") y se crean Sociedades o Asociaciones Misioneras en distintos estados y regiones.

Lamentablemente, estos también fueron años de grandes divisiones. La Guerra Civil había dividido casi todas las denominaciones protestantes en dos grupos. Los grupos sureños, que toleraban la esclavitud, sostenían posiciones teológicas y pastorales mucho más conservadoras que los grupos norteños, que abogaban por la abolición de la esclavitud. En nuestro movimiento, la lucha se dio en torno al uso de instrumentos musicales en el culto. Siguiendo el principio de callar donde la Biblia calla, los fundadores del movimiento resistían el uso de instrumentos musicales modernos en los servicios de adoración. Sencillamente, la Biblia no menciona órganos, pianos ni clavicordios.

No debe extrañarnos que los grupos que se oponían al uso de instrumentos musicales estaban concentrados en los estados del sur, los mismos que habían formado parte de la Confederación. La lucha interna se extendió por cuatro décadas, hasta que en 1906 se reconoció la división listando de manera separada a las "Iglesias de Cristo"— que llevaban sus cultos "a capella"—y las "Iglesias Cristianas" que utilizaban instrumentos musicales.

Durante estos años nuestro movimiento se distinguió por cuatro elementos. Primero, la producción de periódicos y revistas tales como "El Estandarte Cristiano" y "El Evangelista Cristiano". Segundo, el desarrollo de Sociedades Misioneras que trataban de alcanzar personas en distintas partes del mundo. Entre éstas se destacan la fundación de la Sociedad Misionera Cristiana Extranjera (en inglés, "Foreign Christian Missionary Society") y la Junta Misionera de las Mujeres Cristianas (en inglés, "Christian Women Board of Missions"), establecidas entre los años 1874 y 1875. Tercero, el establecimiento de universidades y seminarios en diversas partes del país. Cuarto y último, el esfuerzo de trabajar en conjunto con otras denominaciones cristianas.

Mientras ocurría todo esto, nuestra denominación seguía creciendo, alcanzando la cifra de 1,250,000 miembros en el 1909.[12]

VI. Reestructura: 1917-1968

El 1917 es un año importante en nuestra historia, pues marca el establecimiento de la Convención Internacional de los Discípulos de Cristo.[13] Del mismo modo, en el 1920 la Sociedad Misionera Cristiana Americana se unió a la Extranjera y a las Mujeres Cristianas para crear la Sociedad Cristiana Misionera Unida (en inglés, "United Christian Missionary Society").[14] Las oficinas centrales de esta organización se radicaron en Indianápolis, Indiana, donde se encontraba el Edificio Misionero (en inglés, "Missions Building") desde donde se supervisaba la obra misionera de nuestra denominación.

El año 1917 también marca la creación de la Convención Misionera Cristiana Nacional (en inglés, "National Christian Missionary Convention").[15] Este cuerpo agrupaba las congregaciones Discípulos de Cristo que servían a la comunidad Afro-Americana en los Estados Unidos.

Estos fueron años de grandes controversias en los Estados Unidos; controversias que afectaron nuestra denominación. Nuestra iglesia también se vio plagada de divisiones y conflictos internos. Por ejemplo, muchas personas entendían que la formación de instituciones tales como la Sociedad Misionera Unida violaban los preceptos del Movimiento de Restauración, pues establecían estructuras denominacionales que estaban en contra del gobierno congregacional. Esta lucha culminó durante la década del 1960, cuando cerca de 650,000 personas se separaron de nuestra denominación para establecer una alianza de Iglesias Cristianas e Iglesias de Cristo Independientes.[16]

A pesar de estas objeciones, nuestra denominación continuó creando estructuras nacionales y regionales. Casi todas las regiones y unidades generales de nuestra denominación fueron establecidas durante este período.

VII. La ICDC: 1968 al presente

El proceso de reestructura culminó en el 1968, con la creación de la Iglesia Cristiana (Discípulos de Cristo) tal y como la conocemos hoy. Nuestro movimiento pasó de ser una alianza de congregaciones independientes a ser una denominación protestante cuyo gobierno está organizado en tres manifestaciones: la congregación (el nivel local); los grupos de congregaciones en diversos estados (el nivel regional); y los ministerios que funcionan a niveles nacionales e internacionales (el nivel general).

"El Diseño para la Iglesia Cristiana (Discípulos de Cristo)" es el documento de trabajo que permitió la creación de nuestra denominación. El mismo fue adoptado provisionalmente en el 1968, dando un plazo de 10 años para su implantación final en el 1977.

El Diseño también creó la posición de Ministro General y Presidente de nuestra denominación.[17] Dale Fiers fue nuestro primer Ministro General (1968-1973). Fiers fue seguido por Kenneth Teegarden (1973-1985); John O. Humbert (1985-1991); William Nichols (1991-1993); y Richard L. Hamm (1993-2003). Al momento de escribir este libro, Chris Hobgood es el Ministro General y Presidente de nuestra denominación. Su término se extenderá hasta el 2005, cuando se elegirá un nuevo Ministro General.

La reestructura del 1968 también marcó la unión formal de las iglesias que se relacionaban con la Sociedad Cristiana Misionera Unida y las que se relacionaban con la Convención Misionera Cristiana Nacional. En otras palabras, terminó el proceso por medio del cual las iglesias que servían a la comunidad Afro-Americana se unieron al resto de las congregaciones Discípulos de Cristo. Al igual que las congregaciones hispanas, las iglesias Afro-Americanas tienen una confraternidad, que en su caso se llama "La Convocación". La persona que sirve como Secretario General de la Convocación sirve también como Vice-Ministro General y Presidente de la ICDC. Al momento de escribir este libro, Timothy James ocupa dicha posición.

Nuestra denominación también cuenta con una confraternidad de congregaciones que sirven primordialmente a la comunidad asiática en los Estados Unidos. Esta organización se conoce como NAPAD (en inglés, "North American Pacific/Asian Disciples"). Esta organización fue fundada en el 1978, bajo el nombre "Confraternidad de Discípulos Asiático-Americanos" (en inglés, "Fellowship of Asian American Disciples"). El nuevo nombre fue adoptado en el 1996. Al momento de escribir este libro, Geunhee Yu es el Pastor Ejecutivo de NAPAD. Sus oficinas están afiliadas a la División de Ministerios Domésticos de nuestra Iglesia.

VIII. Los Discípulos en América Latina

Aparte de la ICDC en los Estados Unidos y Canadá, existen iglesias "Discípulos" en distintas partes de América Latina y el Caribe.[18] Las más antiguas fueron fundadas por misioneros estadounidenses, enviados por las sociedades misioneras. Estas son:

1. *México:* El trabajo misionero Discípulos comenzó en México para el año 1890. Como resultado de dicho trabajo hoy existen en ese país dos denominaciones de tradición Discípulos. La Confraternidad de Iglesias Cristianas Evangélicas (CICE), con sede en San Luis Potosí y la Alianza de Iglesias Cristianas Evangélicas (AICEDCAR), con sede en Aguascalientes. Estas dos surgen en la década del 1990, ambas con raíces en lo que originalmente fue la Asociación de Iglesias Cristianas Evangélicas (AICE). Ambas denominaciones tienen congregaciones mayormente en la parte norte de México, incluyendo en ciudades fronterizas.

2. *Puerto Rico:* Esta denominación surge como resultado del trabajo misionero comenzado en el 1899. La Iglesia Cristiana (Discípulos de Cristo) en Puerto Rico (ICDC PR), que cuenta con más de 100 congregaciones, es una de las iglesias protestantes más importantes de la Isla.

3. *Argentina:* El movimiento Discípulos de Cristo llegó a este país en el 1905. Tras una larga y prestigiosa historia, los Discípulos argentinos entraron en una relación de pacto con la Iglesia Metodista, de modo que varias de sus congregaciones se relacionan con ambas denominaciones.

4. *Paraguay:* En este país hay varias congregaciones, resultado del movimiento misionero que comenzó en el 1918. El movimiento Discípulos también fundó el Colegio Internacional, una de las escuelas privadas

más prestigiosas del país, y la Misión de Amistad, una institución de servicios múltiples a la comunidad.

Después del primer tercio del siglo XX, la ICDC dejó de enviar misioneros a establecer congregaciones "Discípulos" como resultado de un cambio en su política misionera. A partir de ese momento, la ICDC prefiere entrar en relaciones de compañerismo y hermandad con iglesias establecidas. El personal misionero se envía a petición de nuestras denominaciones hermanas para realizar diversas tareas. Dichas tareas van desde pastorear una congregación o dar clases en un seminario, hasta participar en programas de justicia social o desarrollar programas de salud. Algunas de nuestras denominaciones hermanas son:[19]

- Las Iglesias Cristianas Congregacionales de México
- El Sínodo Luterano de El Salvador
- La Iglesia Evangélica Reformada de Honduras (IERH)
- La Iglesia Misión Cristiana de Nicaragua
- La Iglesia Evangélica Congregacional de Argentina
- La Iglesia Evangélica Congregacional de Brasil
- La Iglesia Pentecostal de Chile (IPC)
- La Iglesia Evangélica Metodista de Ecuador
- La Unión Evangélica Pentecostal de Venezuela (UEPV)
- La Iglesia Cristiana Pentecostal de Cuba (ICPC)
- La Iglesia Evangélica Dominicana (IED)
- La Iglesia Unida en Jamaica y las islas del Gran Caimán

Ahora bien, la influencia de la ICDC en Puerto Rico ha sido tal que ha motivado el establecimiento de otras denominaciones de tradición Discípulos de Cristo en América Latina y el Caribe. Estas son:

1. *Colombia:* La ICDC en Colombia fue establecida por ministros colombianos que, después de conocer la ICDC en Puerto Rico, se identificaron con la tradición Discípulos de Cristo y fundaron su propia denominación. Establecida a finales de la década de los 1980, cuenta con más de 20 congregaciones.

2. *Costa Rica:* Esta denominación es el resultado del trabajo de misioneros voluntarios puertorriqueños que se mudaron a dicho país a finales de la década de los 1980.

3. *Nicaragua:* El trabajo en este país se originó, en gran parte, por el contacto con la ICDC en Costa Rica.

4. *República Dominicana:* Esta iglesia surge como consecuencia del trabajo de misioneros puertorriqueños durante la década de los 1980.

5. *Venezuela:* Al igual que la Iglesia en Colombia, la ICDC en Venezuela fue organizada por ministros venezolanos que tuvieron contactos con la ICDC en Puerto Rico a finales de la década de los 1980.

Estas denominaciones se relacionan oficialmente con la ICDC en Puerto Rico. Algunas de nuestras congregaciones hispanas y bilingües tienen ministros que provienen de dichas iglesias o feligreses que se relacionan con ellas.

IX. Conclusión

Esperamos que este breve trasfondo histórico sirva como marco para comprender la historia, las creencias básicas y la forma de gobierno de la Obra Hispana Discípulos de Cristo. Pasemos, pues, a ver estos temas en detalle en los próximos capítulos.

2

Esbozo histórico de la Obra Hispana

I. Introducción[1]

Aunque el movimiento de restauración iniciado por Barton Stone y Alejandro Campbell llegó a Texas para el 1824, cuando este estado todavía formaba parte del territorio mexicano, sus miembros no trataron de evangelizar a la comunidad de habla hispana hasta finales del siglo XIX. Las razones para esta inercia fueron muchas. Por un lado, el movimiento Stone-Campbell es un fenómeno nacido en la frontera estadounidense y, como tal, compartía muchos de los supuestos ideológicos de la época. Una de estas ideas era el mito del "destino manifiesto". Este mito presentaba la parte oeste del continente como un territorio salvaje que debía ser conquistado y civilizado. El mito también veía a las naciones indígenas como pueblos inferiores debido a su raza, su religión y su cultura.[2]

Por otra parte, las personas hispanas eran consideradas como extranjeras, no como verdaderos "americanos". Este prejuicio le permitía a los miembros del movimiento Stone-Campbell ignorar a las personas mexicanas que vivían en Texas, Oklahoma, Nuevo México, Arizona y California.

Hasta cierto punto, estos factores todavía determinan el rol de las congregaciones hispanas no sólo en la Iglesia Cristiana (Discípulos de Cristo) sino también en el resto de las denominaciones nacidas del Movimiento de Restauración. Estas denominaciones se consideran a sí mismas como iglesias "americanas" cuyo propósito principal es servir a las personas de ascendencia anglo-europea. Para estas denominaciones, la evangelización de grupos hispanos es sólo uno de los muchos esfuerzos que buscan diversificar su base racial, étnica y cultural. En muchas maneras, el pueblo hispano todavía es visto como "extranjero".

II. Dos focos misioneros

El final del siglo XIX vio nacer el trabajo misionero con grupos de habla hispana en los Estados Unidos continentales y en el Caribe. En ambos casos, la división entre misiones domésticas y las extranjeras era borrosa. En ambos casos, los esfuerzos misioneros condujeron a la creación de congregaciones "Discípulos" tanto en los Estados Unidos como en otras naciones.

A. El Suroeste

Los Discípulos comenzaron a evangelizar grupos hispanos en la frontera durante las últimas décadas del siglo XIX, estableciendo congregaciones tanto en el norte de México como en el sur y el centro de Texas.[3] Los misioneros que plantaron estas congregaciones eran ministros estadounidenses que hablaban español o que predicaban por medio de traductores. Muchos de estos traductores eran "tejanos"—personas hispanas criadas en Texas—y, por lo tanto, eran bilingües. La Iglesia Cristiana Mexicana en San Antonio, Texas, fue establecida en 1899 por el pastor Y. Quintero. Para el 1916, los Discípulos hispanos crearon la Convención Estatal Mexicana S. S. (en inglés, "State Mexican S. S. Convention"). Los archivos de esta organización mencionan siete congregaciones: dos en México, dos en San Antonio, una en Sabinas, una en Lockhart y otra en Robstown. Sin embargo, la situación de estas congregaciones era fluida. Algunas de ellas cerraron por varios años tras los cuales fueron reestablecidas. Otras cerraron permanentemente pocos años después. En aún otros casos, las congregaciones hispanas abrían o cerraban dependiendo de las idas y las venidas de los pocos ministros anglo-europeos, predicadores bilingües y pastores hispanos interesados en alcanzar personas hispanas.

Un factor que todavía limita los ministerios hispanos en el suroeste de los Estados Unidos es el poco interés mostrado por preparar personas hispanas para ejercer el ministerio pastoral. Por eso, muchos de los pastores que establecieron las primeras congregaciones en Texas fueron mexicanos, producto de los esfuerzos misioneros en ese país. Por ejemplo, en el 1909 Samuel Guy Inman fue nombrado como superintendente de una junta misionera que velaba por el bienestar de las congregaciones hispanas en el estado de Coahila, México, y en el sur de Texas. Esto confirma que los Discípulos hispanos eran vistos como extranjeros que estaban en la periferia de la misión de la ICDC.

B. El Noreste

Puerto Rico se convirtió en territorio estadounidense en el año 1898, después que España perdió la Guerra Hispano-Americana.[4] Los primeros misioneros hispanos llegaron a la isla en el 1899, enviados por la Sociedad Cristiana Misionera Americana (en inglés, "American Christian Missionary Society" o ACMS) y por la Junta Misionera de las Mujeres Cristianas (en inglés, "Christian Women Board of Mission" o CWBM). Nótese que la Sociedad Cristiana Misionera Extranjera (en inglés, "Foreign Christian Missionary Society" o FCMS) no envió personal misionero a Puerto Rico, lo que sugiere que la isla era vista como un territorio cuasi-doméstico.

La ICDC en Puerto Rico ha tenido un rol determinante en el desarrollo de la Obra Hispana en los Estados Unidos y Canadá. La inmensa mayoría de nuestras congregaciones en el noreste de los Estados Unidos fueron establecidas por ministros puertorriqueños con el propósito de servir a la comunidad inmigrante puertorriqueña en la región. Al igual que en Texas, la ICDC en el Noreste mostró poco interés en preparar personas hispanas para ejercer el ministerio pastoral. Por eso, nuestras congregaciones importaban ministros puertorriqueños, casi todos graduados del Seminario Evangélico de Puerto Rico y ordenados por la ICDC en la isla.

La Iglesia Cristiana La Hermosa fue la primera congregación Discípulos establecida en la ciudad de Nueva York. El origen de esta congregación apunta hacia otra tendencia de la Obra Hispana. La Hermosa fue fundada en el 1939 por un grupo independiente de inmigrantes puertorriqueños. Al principio, la congregación no estaba relacionada con la ICDC. Sin embargo, tuvo varios contactos con la ICDC en Puerto Rico, tantos que ingresó a nuestra Iglesia en el 1943. Ese mismo año, La Hermosa llamó a Pablo Cotto para que sirviera como su pastor. Cotto provenía de la ICDC en el barrio Dajaos de Bayamón, PR, y a la sazón fue el pastor organizador de la ICDC en Hato Tejas, Bayamón, PR. La ICDC en Dajaos fue la segunda congregación establecida por la ICDC en Puerto Rico, y la primera congregación protestante establecida en los campos isleños.

La Hermosa ha sido la iglesia "madre" del resto de nuestras congregaciones hispanas en el área metropolitana de Nueva York. También ayudó a algunas congregaciones independientes a unirse al movimiento Discípulos. Años después, otras congregaciones hispanas siguieron el modelo establecido por La Hermosa, sirviendo como iglesias "madres" en sus respectivas áreas.

C. Resumen

Hasta el día de hoy, el sureste y el noreste continúan siendo los dos focos principales de la Obra Hispana. Los patrones establecidos al principio del trabajo ministerial hispano han sido difíciles de cambiar. Todavía el acceso a programas de educación teológica es limitado, hecho que explica la pobre preparación de muchos ministros hispanos. Todavía muchos ministros hispanos son inmigrantes que estudiaron y fueron ordenados originalmente por otras denominaciones en el extranjero.

Todavía un número considerable de nuestros ministros—incluyendo algunos de los líderes claves del movimiento—provienen de la ICDC en Puerto Rico.

III. Cambios en la Obra Hispana

Nuestra historia también puede ser estudiada considerando los cambios en las políticas y las prácticas misioneras, ministeriales y evangelísticas de nuestra Iglesia. Como ha demostrado Daisy L. Machado, en el 1919 los periódicos y los boletines informativos de la ICDC en el Suroeste se referían a la presencia hispana en Texas como el "problema mexicano". Esta reacción se debió, sin duda, a la gran cantidad de personas mexicanas que llegaron a Texas escapando de la Revolución Mexicana que sacudió ese país del 1910 al 1917. Podemos resumir el problema de esta manera: ¿Cómo puede nuestra Iglesia ministrar de manera efectiva a una población considerada como extranjera, inferior y transitoria?

En parte, la ICDC respondió al problema con un modelo misionero que buscaba ayudar a la comunidad. La meta era establecer congregaciones que desarrollaran instituciones que ofrecieran servicios sociales. La iglesia local debía velar por el bienestar espiritual del pueblo, mientras la institución social se ocuparía de las necesidades materiales. Un ejemplo de este modelo fue el establecimiento en San Antonio del Instituto Cristiano Mexicano en 1913, como el brazo programático de la Iglesia Cristiana Mexicana. Con el tiempo, el instituto adoptó el nombre "Inman Christian Center" y se separó de la congregación. El problema principal de este modelo fue que no pudo ser duplicado en otras partes del país.

Además, creaba conflicto entre la congregación y la institución social. Por ejemplo, el Centro Inman ha llegado a ser mucho más grande e influyente que cualquiera de nuestras congregaciones hispanas en San Antonio.

Los antiguos ejecutivos de la ICDC también veían como un "problema" el continuo contacto y la continua afirmación de las raíces étnicas por parte de los Discípulos hispanos, particularmente de los puertorriqueños. Byron Spice, en su libro *Discípulos Americanos (Spanish American Disciples): Sixty-five Years of Ministry to Spanish Speaking Persons* (1964) afirma que los puertorriqueños nacidos y criados en los Estados Unidos, en muchas maneras, formaban parte de una generación perdida. Eran "demasiado puertorriqueños para ser verdaderos americanos y demasiado americanos para ser verdaderos puertorriqueños"[5]. Spice, quien sirvió como Director de Ministerios Domésticos de la Sociedad Misionera Unida (en inglés, "United Christian Missionary Society" o UCMS), esperaba que la comunidad hispana se integrara totalmente al crisol o "melting pot" estadounidense. Es decir, esperaba que en pocas generaciones el pueblo latino rompiera los lazos que le unían a sus diversas culturas de origen. En particular, Spice afirmaba que la completa integración solo sería posible cuando la gente de habla hispana aceptara totalmente la cultura anglo, incluyendo el lenguaje, las comidas y hasta la forma de mover las manos.[6] El pueblo hispano sólo sería aceptado cuando se cumplieran estas condiciones.

Spice veía las congregaciones hispanas como "puentes" que llevaban a una familia inmigrante a integrarse a las congregaciones de habla inglesa. Por lo tanto, estas congregaciones étnicas eran sólo necesarias para los inmigrantes de primera generación, no para sus niños y sus niñas. Específicamente, Spice afirmaba que las congregaciones eran "centros de adiestramiento" que preparaban a los Discípulos hispanos para llegar a ser miembros y hasta líderes de las congregaciones anglo-europeas.[7] Queda claro, pues, que Spice veía las congregaciones hispanas y bilingües como un fenómeno temporero, que desaparecerían para la década de los 1990.[8]

Aunque el tiempo ha probado falsas las ideas de Byron Spice, su liderazgo fue clave para el desarrollo de la Obra Hispana. En primer lugar, su libro describe correctamente al pueblo hispano como uno bilingüe y bicultural. Segundo, el mismo ofrece útiles consejos prácticos sobre cómo personas no-hispanas pueden relacionarse con la comunidad latina. Tercero, Spice organizó una Consulta sobre Ministerios Hispanos que se llevó a cabo del 9 al 13 de mayo de 1966. La reunión incluyó tanto líderes de la Obra Hispana como de los Discípulos en México y Puerto Rico. Spice repitió en dicha reunión su idea equivocada de que las congregaciones hispanas eran puentes temporeros cuyo propósito principal era integrar a las personas de habla hispana a las congregaciones anglo. Sin embargo, la reunión permitió que el liderazgo hispano estableciera nuevos lazos de amistad y creara nuevas redes de comunicación. En cuarto lugar, en 1969 Spice llamó a Domingo Rodríguez[9] (1918-) para servir como Director de la Oficina de Programas y Servicios a Congregaciones Hispanas y Bilingües de la División de Ministerios Domésticos de la UCMS. Rodríguez fue la primera persona hispana que sirvió como director de la Obra Hispana en los Estados Unidos. Nacido, criado, educado y ordenado en Puerto Rico, había sido pastor de La Hermosa del 1953 al 1955. Además, Rodríguez fue el primer Secretario Ejecutivo de la ICDC en Puerto Rico, sirviendo del 1958 al 1962.

Cuando Domingo Rodríguez llegó a Indianápolis, donde se encontraban las oficinas de la Sociedad Misionera Unida, encontró que después de 70 años de ministerio hispano, nuestra denominación apenas tenía 18 congregaciones hispanas y bilingües. Aunque sólo sirvió como Director de la Obra Hispana desde el 1969 hasta el 1972, Rodríguez hizo cambios duraderos y significativos. Por un lado, promovió el establecimiento y la revitalización de congregaciones hispanas de manera agresiva. Por ejemplo, Rodríguez reabrió la Iglesia Cristiana Emmanuel en San Benito, Texas, bajo el liderazgo pastoral de F. Feliberto Pereira, cuando el templo estaba a punto de ser vendido a los Testigos de Jehová.[10] De manera similar, promovió el establecimiento de la primera congregación hispana en California, la Iglesia Cristiana Fuente de Vida en Gardena, un suburbio de Los Ángeles.

Por otro lado, Rodríguez organizó la Primera Conferencia sobre Ministerios Hispano-Americanos que se llevó a cabo del 6 al 10 de abril de 1970. Un total de treinta y ocho ministros, representando once estados, participaron en dicha Conferencia. Esta reunión permitió que el liderazgo hispano creara redes de comunicación, alcanzara acuerdos importantes e hiciera planes para el futuro, estableciendo un Comité de Guías para la Estrategia y la Acción.

El colocar el liderazgo de la Obra Hispana en las manos de un ministro latino, experimentado y visionario, cambió el rumbo de los ministerios hispanos de la ICDC. Primero, la administración de Rodríguez marcó el comienzo del crecimiento congregacional que todavía estamos experimentando. Segundo, las políticas establecidas durante su administración trajeron un período de crecimiento que eventualmente generó cambios importantes en la estructura de nuestra denominación.

IV. Crecimiento congregacional

La Obra Hispana ha crecido rápida y constantemente durante las pasadas décadas. Como indicamos anteriormente, los primeros setenta años de ministerio hispano produjeron sólo 18 congregaciones. Al momento de escribir estas líneas, nuestra denominación cuenta con más de 130 iglesias y misiones hispanas. Es decir, desde el 1964 la Obra Hispana ha crecido cerca de un 700%.

Son muchos los factores que motivan el crecimiento de la Obra Hispana. El primero es el crecimiento continuo de la población hispana en los Estados Unidos. Por ejemplo, en el 1964 la Oficina del Censo estimaba que la población de habla hispana era cerca de seis millones de personas. Sin embargo, el estimado del censo para el año 2002 era de sobre treinta y ocho millones de personas hispanas.[11]

El cambio ocurrido en los patrones de inmigración es el segundo factor. Véanse, por ejemplo, los cambios que han ocurrido en la Florida. Los puertorriqueños, que hasta la década de los 1960 emigraban principalmente a Nueva York, comenzaron a emigrar a la Florida en la década de los 1970. Hoy día existen más de veinte congregaciones hispanas y bilingües en la Florida, dirigidas en su mayoría por pastores y pastoras de trasfondo puertorriqueño. Del mismo modo, la continua inmigración de personas centroamericanas y mexicanas a diversos puntos del suroeste de los Estados Unidos explica la nueva cepa de congregaciones hispanas y bilingües en Arizona, California, Oklahoma y Texas.

El tercer factor es el desarrollo de nuevas políticas y prácticas misioneras promovidas desde la Oficina para Ministerios Hispanos. Los sucesores de Rodríguez continuaron su agresivo programa de implantación y revitalización de congregaciones. Lucas Torres (1933-) sirvió como Director de la Oficina de Programas y Servicios a Congregaciones Hispanas y Bilingües del 1972 al 1977. Torres fue seguido por David Asdrúbal Vargas (1944), quien sirvió en la posición del 1978 al 1983. Vargas fue seguido por Luis Ferrer (1944-), quien sirvió hasta el 1992.

El liderazgo de Vargas fue determinante para el desarrollo de la Obra Hispana, pues éste trajo consigo experiencia en el campo de la planificación y excelentes habilidades administrativas y organizacionales. Fue precisamente bajo su ministerio que se organizó la Confraternidad Nacional Hispana y Bilingüe. El establecimiento de la Confraternidad también motivó la organización de convenciones hispanas en distintas partes del país. Estas instituciones le dieron voz al pueblo hispano, permitiéndoles organizarse para determinar su propio futuro y para desarrollar herramientas útiles para sus respectivos ministerios.

V. Cambios estructurales

El liderazgo hispano continuó reuniéndose regularmente después de la Conferencia sobre Ministerios Hispanos de 1970. Nuestros líderes se reunían tanto en reuniones especiales como en la Asamblea General de nuestra denominación. En el 1971 el Comité de Guías para la Estrategia y la Acción se convirtió en la Conferencia de Ministros Hispano-Americanos. En octubre del 1973, la Conferencia le solicitó a Lucas Torres que organizara un evento de planificación estratégica. La Conferencia de Estrategia Nacional sobre Ministerios Hispanos se llevó a cabo en Nueva York, durante el verano de 1975. Su logro principal fue el establecimiento de un Comité sobre Ministerios Hispanos que eventualmente se convirtió en el Caucus Hispano. La importancia del Caucus ha sido enorme pues este grupo desarrolló los planes que condujeron a la celebración de la Primera Asamblea Hispana y Bilingüe y a la creación de la Confraternidad Nacional Hispana y Bilingüe de la ICDC en los Estados Unidos y el Canadá.

La administración de Torres se caracterizó, además, por la publicación de recursos para congregaciones, tales como el libro *Dignidad*,[12] que trata sobre los ministerios y la cultura hispana. Torres también organizó el primer "Encuentro Hispano", un culto especial que se lleva a cabo en cada Asamblea General.

David A. Vargas sustituyó a Torres en enero de 1978. Al igual que Rodríguez y que Torres, Vargas nació, se crió, estudió y fue ordenado en Puerto Rico por la ICDC. A diferencia de sus antecesores en el puesto, Vargas había estudiado en la Universidad de Chicago, donde estuvo matriculado en el programa doctoral en historia de la iglesia.

Vargas pastoreó la Obra Hispana a través de un difícil proceso político. Primero, reforzó las Convenciones Hispanas existentes. Aparte de la Convención del Suroeste, que ha celebrado reuniones continuas desde el 1944, los Discípulos hispanos organizaron la Convención Hispana del Noreste (1958) y la del Medio Oeste (1978). Más tarde, organizaron la del Sureste (1990), la del Pacífico (1990) y la de Arizona (2004). Estas estructuras no sólo proveen oportunidades para establecer redes de comunicación, sino también promueven el desarrollo de liderazgo y el establecimiento de nuevas congregaciones. Segundo, Vargas dirigió al Caucus Hispano en el proceso que llevó a la creación de la Confraternidad Nacional Hispana y Bilingüe durante el 1981 y organizó la Primera Asamblea de la organización, que se llevó a cabo del 24 al 26 de junio de 1981.

Luis Ferrer pasó a ocupar la dirección de la Oficina de Programas y Servicios a Congregaciones Hispanas y Bilingües en el 1983, cuando Vargas pasó a servir como Secretario Ejecutivo para América Latina y el Caribe de la División de Ministerios de Ultramar de nuestra Iglesia. Al igual que sus predecesores, Ferrer es puertorriqueño. Sin embargo, se distinguía de los mismos por haber sido criado, por haber estudiado y por haber sido ordenado en los Estados Unidos. Bajo la administración de Ferrer, el Caucus Hispano emprendió su proyecto más ambicioso: cambiar la estructura de la ICDC en los Estados Unidos y Canadá.

Hasta comienzos de la década de los 1990, la oficina que coordinaba los ministerios hispanos de nuestra Iglesia formaba parte del Departamento de Evangelismo y Membresía de la División de Ministerios Domésticos de la denominación. Sin embargo, el crecimiento numérico y el deseo de auto-determinación de los Discípulos hispanos crearon serias tensiones entre el liderazgo de la Obra Hispana y la División de Ministerios Domésticos. Después de explorar varias alternativas, el Caucus promovió la creación de un nuevo ministerio general dedicado exclusivamente al desarrollo de la Obra Hispana. La nueva estructura le daría al liderazgo hispano la oportunidad de determinar su política financiera y presupuestaria y de escoger sus propios líderes; líderes que responderían principalmente a dicho liderazgo.

El nuevo ministerio, establecido en el 1991, se llama "La Oficina Pastoral Central para Ministerios Hispanos" (OPCMH). Su administrador es el Pastor Nacional para Ministerios Hispanos. La palabra "nacional", usada en ambos títulos, se refiere al hecho de que el pueblo hispano forma una "nación" dentro de los Estados Unidos. La OPCMH tiene los siguientes objetivos:

1. Desarrollar programas y ofrecer cuidado pastoral al cuerpo ministerial, al liderazgo laico y a las congregaciones.
2. Servir como un recurso a las regiones y ministerios generales interesadas en establecer congregaciones y en desarrollar programas para el pueblo hispano.
3. Defender los derechos del pueblo hispano.

En la parte final de este libro, ofreceremos más información sobre la organización y el gobierno de la Obra Hispana.

El primer Pastor Nacional para Ministerios Hispanos fue precisamente David A. Vargas, cuyo liderazgo había sido determinante en el proceso que creo el puesto. Electo en el verano del 1992, Vargas sirvió a tiempo parcial hasta el 1993. Lucas Torres, quién había servido como vice-moderador de la ICDC y quien había estado pastoreando la Iglesia Cristiana Hispana en Orlando, fue electo en el 1993, ocupando la posición hasta el 1999. Durante su administración, Torres tuvo varios logros, tales como la Segunda Conferencia de Estrategia Nacional sobre Ministerios Hispanos que se llevó a cabo en Indianápolis en el 1994, la publicación del himnario *Cáliz de Bendiciones* en el 1996 y la publicación de toda una serie de meditaciones para la temporada de cuaresma.

El retiro de Torres dejó un vacío difícil de llenar, provocando así una accidentada transición. En la Asamblea Hispana del 1998, celebrada en la Iglesia Cristiana Mexicana en San Antonio, Vargas fue electo nuevamente como Pastor Nacional. Sin embargo, renunció al puesto pocos meses después, antes de llegar a ocupar la oficina. A pesar de diversos problemas de salud, Torres continuó trabajando a tiempo parcial por más de un año, tiempo durante el cual una segunda búsqueda resultó infructuosa. Finalmente, la Comisión Pastoral para Ministerios Hispanos nombró a Pablo A. Jiménez (1960-) como Pastor Nacional en el verano del 1999. Jiménez comenzó su término de servicio oficialmente en enero del 2000. Su ministerio se ha caracterizado por el desarrollo de recursos educativos, tales como la serie de vídeos educativos titulada *Vídeo Instituto Cristiano* y la publicación de *Camino al Discipulado,* un manual que contiene trece lecciones de escuela bíblica para nuevos creyentes y nuevos miembros de la ICDC, entre otros recursos.

VI. Desafíos y Esperanzas

El futuro de la Obra Hispana es ciertamente prometedor. La creación de la OPCMH ha abierto varias posibilidades para el cambio. El rápido establecimiento de nuevas congregaciones hispanas y bilingües promete transformar el rostro de nuestra denominación. Como evidencia de estos cambios, señalamos la elección de Paul D. Rivera como Moderador de la ICDC (1999-2001) y de David A. Vargas como Presidente de la División de Ministerios de Ultramar (2003). Rivera fue el primer moderador hispano de nuestra denominación y Vargas el primer presidente hispano de un ministerio general.

Sin embargo, los Discípulos hispanos enfrentamos serios desafíos. Como hemos mencionado a través de todo el capítulo, el desarrollo de liderazgo continúa siendo un gran desafío para la Obra Hispana. El acceso a la educación teológica contextual aún es muy limitado. La presencia de educadores teológicos de habla hispana en los seminarios relacionados a la Iglesia Cristiana (Discípulos de Cristo) es mínima, hecho que en gran parte explica la ausencia de seminaristas hispanos. Nuestras congregaciones todavía dependen mucho de pastores inmigrantes. De hecho, comenzando desde Rodríguez, todos los ministros que han dirigido la Obra Hispana al nivel nacional han sido puertorriqueños y solamente Ferrer no fue originalmente educado y ordenado en Puerto Rico.

La hegemonía del componente puertorriqueño entre los Discípulos hispanos presenta otro gran desafío para la obra. El dilema se vuelve mucho más agudo si consideramos que en la pasada década se han establecido un gran número de congregaciones que sirven principalmente a personas de trasfondo mexicano y centroamericano. Del mismo modo, cada vez tenemos más ministros provenientes de México, Centro y Sur América. Aún en la costa este de los Estados Unidos, donde la mayor parte de la feligresía Discípulos aún proviene de Puerto Rico, vemos un crecimiento constante de congregaciones mayoritariamente dominicanas, colombianas y venezolanas. Todo esto nos lleva a concluir que la Obra Hispana Discípulos de Cristo debe tratar de desarrollar líderes que reflejen la diversidad de la comunidad hispana.

Las finanzas también presentan un serio desafío para el pueblo hispano. El ingreso anual promedio de las familias hispanas es inferior al de las familias de trasfondo anglo-europeo, afro-americano y asiático.[13] Sólo las familias indígenas o nativo-americanas tienen un ingreso anual inferior. Del mismo modo, las personas hispanas de trasfondo mexicano y centro americano tienen un promedio de ingresos inferior al de las familias cubanas, suramericanas y puertorriqueñas. Este cuadro se complica por tres situaciones particulares. La primera es que algunas personas hispanas no tienen documentos para trabajar de manera legal en los Estados Unidos. Estas personas indocumentadas tienen un ingreso aún menor al de las personas hispanas que son residentes legales o ciudadanas. Segundo, una parte de las personas hispanas envía grandes cantidades de dinero a sus países de origen. En nuestra experiencia, es común encontrar personas que envían entre el 10% y el 40% de su ingreso mensual con el propósito de mantener a sus familiares. Esto explica por qué una congregación hispana, por lo regular, necesita tener el doble o el triple de la feligresía de una congregación anglo-europea para poder sostener un pastor o una pastora a tiempo completo.

Al nivel general, la Obra Hispana todavía enfrenta la actitud paternalista del sector de la denominación que nos ve como "extranjeros". En varias ocasiones el autor de este libro ha sostenido reuniones donde prominentes líderes anglo-europeos han expresado su disposición a compartir "sus" fondos con la Obra Hispana. ¡Lo triste es que en todos lo casos se referían al dinero de la denominación, implicando así que la Obra Hispana no es parte de la Iglesia!

Finalmente, el ministerio hispano es una de las áreas de mayor crecimiento en el movimiento Discípulos en los Estados Unidos y Canadá. Somos una comunidad creciente y pujante dentro de una denominación que está tratando de superar años de disminución de membresía y de fondos disponibles. ¿Cómo ser el brazo fuerte y sano de una organización que necesita revitalización? Ese es el mayor desafío que enfrenta la Obra Hispana hoy.

3

Creencias básicas de la ICDC

I. Introducción

La Iglesia Cristiana (Discípulos de Cristo) se distingue por ser una Iglesia "no confesional". Esto quiere decir que, a diferencia de otras denominaciones cristianas, la ICDC no tiene una declaración de fe que sus ministros deban afirmar, ni un catecismo que las personas que desean ser miembros de sus congregaciones deban aceptar. Nuestra denominación no obliga a su feligresía a afirmar credo alguno. Por el contrario, nuestra Iglesia exhorta a cada persona creyente a estudiar la Biblia por sí misma y a desarrollar su pensamiento teológico, dentro del marco de los principios básicos de la fe cristiana.

Es importante explicar por qué las personas que comenzaron nuestro movimiento adoptaron esta postura teológica tan radical. En primer lugar, como hemos dicho anteriormente, el protestantismo de la época estaba sumamente dividido. Basta recordar el episodio narrado en el primer capítulo donde Tomás Campbell, siendo ministro presbiteriano, fue disciplinado por darle la Cena del Señor a personas que—aunque eran presbiterianas también—no eran parte de su movimiento.

En segundo lugar, las diferencias doctrinales imponían pesadas cargas en las personas creyentes que vivían en la frontera de los Estados Unidos a principios del siglo XIX. Imaginemos que una persona de trasfondo presbiteriano se mudaba del estado de Nueva York a uno de los estados fronterizos, tales como Indiana o Missouri. Al llegar al poblado donde habría de vivir, encontraba que allí no habían iglesias presbiterianas y que la única iglesia era metodista. Si deseaba hacerse miembro de la iglesia, la persona inmigrante debía renunciar a los principios presbiterianos y aceptar los principios teológicos metodistas. Ahora bien, si diez años después la persona volvía a mudarse, corría el riesgo de que la única congregación en su nuevo pueblo fuera episcopal o bautista. Esto le obligaría a renunciar a su antigua denominación, adoptando las creencias básicas de su nueva iglesia.

En tercer lugar, el Movimiento de Restauración surge a finales del siglo XVIII, durante la era conocida como la Ilustración o el Iluminismo.[1] La Ilustración fue un movimiento que apareció en Europa durante el siglo XVIII. Se caracterizó por su extremada confianza en la razón humana; confianza que le llevaba a rechazar la revelación divina. Influenciados por los principios filosóficos de la Ilustración, los fundadores de la ICDC recalcaron la importancia del uso de la razón humana a la hora de leer la Biblia y de entender la teología cristiana. En lugar de contraponer la fe y la razón, las personas que fundaron nuestro movimiento afirmaron la necesidad de establecer un diálogo entre la fe y la razón. En parte, esto explica el principio teológico básico de nuestra denominación: Que cada persona creyente debe estudiar la Biblia por sí misma para desarrollar su pensamiento teológico, dentro del marco de la fe cristiana.

II. Nuestro Credo es Cristo

Ahora bien, el no tener un credo oficial no quiere decir que nuestra Iglesia no tenga teología. Por un lado, la palabra teología es un término compuesto por dos palabras griegas: "theós", que quiere decir Dios, y "lógos", que quiere decir "palabra", "tratado" o "discurso". Por lo tanto, podemos definir la teología como el discurso sobre Dios; como la disciplina que estudia a Dios; y como lo que la iglesia proclama y enseña sobre Dios y sobre su relación con la humanidad. Queda claro, pues, que es imposible hablar sobre Dios sin usar la teología. Una frase tan sencilla como "Dios es bueno" es una declaración teológica, ya que describe un aspecto del carácter de Dios.

Por otro lado, la teología cristiana tiene varias funciones importantes.[2] La teología nos informa sobre los propósitos de Dios tanto para la humanidad como para el mundo en el cual vivimos. Además, la teología permite que la iglesia entre en diálogo con la cultura, proporcionando elementos para interpretar y defender la fe. La teología también ofrece criterios que la iglesia debe utilizar para examinar su proclamación y su práctica, corrigiendo los errores doctrinales que puedan apartarnos de la sana doctrina. Finalmente, la teología es la contemplación de Dios, de su palabra y de su obra. Todos estos elementos contribuyen a la reflexión sistemática sobre el carácter y la persona de Dios, de acuerdo a la revelación que recibimos por medio de la Biblia, la naturaleza, la experiencia y la tradición de la iglesia.

Durante sus primeros años, la ICDC expresó sus puntos teológicos básicos por medio de lemas que ofrecían ciertas guías doctrinales. Los tres lemas básicos de nuestra tradición son:[3]

1. *En lo esencial, unidad; en lo no esencial; libertad (algunas versiones dicen "tolerancia" y otras dicen "comprensión"); y en todo, amor:* Este lema celebra la libertad de conciencia que ofrece nuestra tradición. Por un lado, afirma que nuestra denominación sigue las enseñanzas básicas de la fe cristiana, rechazando así las herejías más comunes. Por otro lado, deja claro que las personas que asisten a nuestras congregaciones no tienen la obligación de pensar de la misma manera. En este sentido, dos personas que tengan perspectivas distintas sobre el Espíritu Santo pueden asistir a la misma congregación.

2. *Donde la Biblia habla, nosotros hablamos; donde la Biblia calla, nosotros callamos:* Esta expresión recalca la importancia que tiene la Biblia en el pensamiento Discípulos de Cristo. El lema afirma que la ICDC prefiere seguir de cerca las prácticas de la Iglesia Primitiva, tal como aparecen en el Nuevo Testamento, y que desea usar "nombres bíblicos para cosas bíblicas". Por ejemplo, mientras otras denominaciones cristianas usan términos como la Santa Eucaristía o la Santa Comunión, nuestra Iglesia

prefiere usar la frase "La Cena del Señor", que aparece en I Corintios 11:20. El problema con este lema es que nadie ha podido, literalmente, "hablar cuando la Biblia habla y guardar silencio cuando la Biblia guarda silencio" porque es siempre necesario interpretar las Sagradas Escrituras antes de aplicar sus enseñanzas.[4]

3. *No somos los únicos cristianos, sino que somos únicamente cristianos:* Desde sus orígenes, la ICDC ha expresado su deseo de luchar por la unidad de la Iglesia. Este lema demuestra nuestro respeto por otras confesiones cristianas pues reconoce la validez de las demás tradiciones. Los valores expresados en este lema son muy valiosos, ya que nos capacitan para trabajar en conjunto con creyentes de otras denominaciones.

En años recientes, la ICDC ha expresado su pensamiento teológico de manera más clara. Por ejemplo, el Diseño o constitución de nuestra Iglesia comienza con un preámbulo que resume sus creencias básicas. El preámbulo dice: [5]

Confesamos que Jesús es el Cristo
el Hijo del Dios viviente y lo proclamamos
Señor y Salvador del mundo.
En el nombre de Cristo y por su gracia
aceptamos
nuestra misión de testimonio y servicio
a todas las personas.
Nos regocijamos en Dios, creador del cielo
y de la tierra, y en el pacto de amor

que nos une a Él, y los unos a los otros.
A través del bautismo en Cristo entramos a
una vida nueva y venimos a ser uno junto
a todo el pueblo de Dios.
En la comunión del Espíritu Santo nos unimos
en el discipulado y en obediencia a Cristo.
En la mesa del Señor celebramos con acción
de gracias lo hechos de salvación y
la presencia de Cristo.
Dentro de la iglesia universal recibimos el don
del ministerio y la luz de las Escrituras.
En los vínculos de la fe cristiana nos
entregamos a Dios, de modo que sirvamos a
aquél cuyo reino no tiene fin.
Bendición, gloria y honor sean a Dios
para siempre.
Amén.

¿Cómo reconciliar esta declaración teológica con la antigua idea de que el único "credo" de la ICDC es la confesión de fe en Cristo?

Debe quedar claro que el preámbulo del Diseño no es un credo que deba ser aceptado obligatoriamente para formar parte de una de nuestras congregaciones o aún de nuestro cuerpo ministerial. La única "confesión de fe" necesaria para ser parte de nuestra Iglesia se encuentra en Mateo 16:15-16, que de acuerdo a la versión Reina-Valera 1995 dice: "[Jesús] les dijo: Y vosotros, ¿quién decís que soy yo? Respondiendo Simón Pedro, dijo: Tú eres el Cristo, el hijo del Dios viviente". Por lo regular, el nuevo creyente confiesa su fe en respuesta a esta sencilla pregunta, "¿Cree usted en el Señor Jesucristo, el Hijo de Dios, y le acepta como su Salvador?"[6]

En cualquiera de sus traducciones, estas palabras de la confesión de Pedro han cautivado los corazones de los Discípulos. Esta afirmación de fe siempre ha sido considerada como una afirmación suficiente, hablando teológicamente, para calificar a una persona para el bautismo y la membresía en la iglesia.[7] Este método de recibir nuevos miembros en las iglesias de los Discípulos de Cristo recalca la importancia tanto de la persona como del encuentro con Cristo.[8]

III. Creencias Básicas

Pasemos a considerar, pues, un breve resumen de las creencias básicas de la Iglesia Cristiana (Discípulos de Cristo) en los Estados Unidos y Canadá. Como verán, el pensamiento teológico de nuestra Iglesia está en armonía con los principios básicos de la fe cristiana a través de los tiempos.

A. Creemos en Dios

La ICDC afirma la existencia de Dios, a quien la Biblia presenta como el amoroso creador que se ha revelado a sí mismo en la historia. En primer lugar, Dios se ha revelado a través de la historia del pueblo de Israel, la cual conocemos por medio del Antiguo Testamento. En segundo lugar, Dios se ha revelado en la persona histórica de Jesús de Nazaret, a quien confesamos como Señor y Salvador y cuyas enseñanzas conocemos a través del Nuevo Testamento.

Dios se ha revelado porque desea relacionarse con la humanidad.[9] Dios desea que cada persona llegue a conocerle, principalmente por medio del estudio de la Biblia en el contexto del culto cristiano.

B. Creemos en Jesús, el Cristo

Como indicamos anteriormente, la ICDC afirma y enseña que Dios se ha revelado principalmente a través de la vida y la obra de Jesús de Nazaret. La comunidad cristiana primitiva comprendió que Jesús era el Cristo, el Mesías enviado por Dios para la salvación del mundo. Siguiendo las enseñanzas bíblicas, la ICDC confiesa a Jesucristo como Señor y Salvador de toda la humanidad.

Jesucristo es, pues, plenamente Dios y plenamente humano. Por lo tanto, rechazamos tanto aquellas falsas doctrinas que afirman que Jesús fue solamente un hombre inspirado (como el adopcionismo[10]), como aquellas que lo presentan como un espíritu que vagó por el mundo sin experimentar en verdad lo que significa ser humano (como el docetismo[11]).

C. Creemos en el Espíritu Santo

La ICDC afirma que el Espíritu Santo "es la presencia creativa, viva, amante y perdurable de Dios en el mundo".[12] El Espíritu de Dios es uno de los personajes centrales de la historia de la salvación, dado que ha estado presente desde la creación (Gn 1:2) y estará presente hasta el fin de los tiempos (Ap 22:17). El Nuevo Testamento describe al Espíritu Santo como una figura clave para el desarrollo espiritual del creyente. De acuerdo a Juan, capítulos 14 al 16, el Espíritu nos lleva a Cristo, nos recuerda sus enseñanzas, nos convence de pecado, nos lleva a la verdad y nos acompaña en nuestro caminar de fe. El Espíritu Santo es quien nos capacita para vivir de acuerdo a los valores del Reino de Dios, experimentando la presencia del Cristo resucitado en nuestros medios.

El Espíritu Santo capacita a las personas creyentes de diversas maneras. Por ejemplo, Hechos 1:8 afirma que el Espíritu da a los creyentes "poder para testificar" acerca de Jesucristo; Romanos 8:26 describe la acción pastoral del Espíritu, quien ayuda a los creyentes intercediendo a su favor en los momentos de debilidad; y Romanos 12:6-7, 1 Corintios 12 y 14 y Efesios 4:11 enumeran los dones del Espíritu. Los dones son habilidades y talentos que Dios da a su Iglesia para facilitar el cumplimiento de la misión cristiana. Del mismo modo, Gálatas 5:22 al 26 enumera los buenos frutos que el Espíritu Santo produce en la persona que cree.

Algunas congregaciones Discípulos de Cristo tienen una perspectiva carismática sobre el Espíritu Santo, lo que les lleva a afirmar la actualidad de dones espirituales tales como la "glosolalia" o el hablar en lenguas. Otras congregaciones tienen una perspectiva más conservadora, afirmando que este tipo de dones espirituales extraordinarios fueron señales divinas que sólo se manifestaron durante la era apostólica. Éste es otro de los muchos puntos teológicos donde los Discípulos tenemos perspectivas diferentes.

Ciertamente, la mayor parte de las congregaciones hispanas y bilingües son carismáticas. Sin embargo, nuestra iglesia no es pentecostal. ¿Cuál es la diferencia entre ser carismático y ser pentecostal? La perspectiva carismática afirma la obra del Espíritu Santo y la manifestación de todos los dones nombrados en el Nuevo Testamento. Sin embargo, la doctrina pentecostal sobre el Espíritu Santo es mucho más elaborada, pues afirma que el creyente necesita pasar por dos experiencias espirituales distintas para alcanzar la plena madurez espiritual.[13] La primera es la experiencia de conocer a Jesucristo, confesándole como Señor y Salvador. La segunda es el bautismo en el Espíritu Santo, lo que encamina a la persona creyente en el proceso de la santificación cristiana. En la visión pentecostal, la recepción del don de lenguas es la señal inequívoca de que la persona ha recibido el bautismo en el Espíritu. Por esta razón, en algunos círculos pentecostales se entiende que las personas que no hablan lenguas no han recibido el don del Espíritu Santo. Sin embargo, en otros grupos pentecostales latinoamericanos, se entiende que la experiencia de hablar en lenguas "no tiene necesariamente que suceder posterior a la conversión y la prueba de haberla recibido puede ser cualquier don del Espíritu Santo".[14]

La doctrina pentecostal de la doble experiencia es un desarrollo de la doctrina de la perfección cristiana elaborada por Juan Wesley, el fundador del movimiento metodista-wesleyano. Wesley hacía diferencia entre la justificación y la santificación. Equivocadamente, algunas personas llegaron a pensar que estaba hablando de dos experiencias distintas.[15] En realidad, Wesley entendía que la salvación era un proceso que comenzaba cuando la persona confesaba sus pecados, buscaba el perdón divino y confesaba su fe en Cristo. Dios le confería la "gracia justificadora". Después de la justificación, la persona creyente recibía la "gracia santificante" por medio de una experiencia que Wesley describía como una "segunda bendición". Para Wesley, esta experiencia marcaba el comienzo de la santificación del creyente.[16] Cabe mencionar que para Wesley la santidad no era algo meramente personal, sino que también tenía implicaciones sociales. Por ejemplo, su concepto de santidad social llevó al movimiento metodista a luchar contra males sociales tales como la esclavitud.

El pentecostalismo clásico entendió que el bautismo en el Espíritu Santo era la experiencia que marcaba el comienzo del proceso de santificación. La doctrina pentecostal difiere de las ideas de Wesley en tres puntos importantes. Primero, afirma que la recepción del don de lenguas es la señal inequívoca de haber recibido el Espíritu Santo. Segundo, el pentecostalismo entiende que la santidad debe manifestarse primordialmente en la vida personal del creyente, mientras que Wesley recalcaba el aspecto social. Tercero, para Wesley la santificación era parte integral del proceso de salvación, mientras el pentecostalismo clásico ve el bautismo en el Espíritu Santo como una experiencia distinta a la justificación.

Queda claro que la ICDC no es una iglesia de corte pentecostal, ya que no afirma, predica o enseña la doctrina de la doble experiencia. Nuestra iglesia entiende que el proceso de santificación comienza cuando la persona hace profesión de fe en Cristo y que el don de lenguas, aunque deseable, no es la única señal de que el Espíritu Santo está operando en la vida de un creyente.

D. Afirmamos la trinidad

La ICDC afirma la unidad de Dios. Nuestra iglesia entiende que las Sagradas Escrituras enseñan que Dios se ha manifestado en tres personas: el Dios Padre, el Dios Hijo y el Dios Espíritu Santo.

Aunque los Discípulos de Cristo afirmamos la doctrina de la trinidad, a través de los años nuestra denominación ha sido acusada de no creer en esta importante doctrina. La confusión sobre este punto se debe a la forma como Alejandro Campbell aplicó el lema que vimos anteriormente sobre las Sagradas Escrituras: "Donde la Biblia habla, nosotros hablamos; donde la Biblia calla, nosotros callamos." Como la palabra "trinidad" no aparece en el Nuevo Testamento, Campbell prefería hablar de la unidad de Dios en vez de hablar de la trinidad. Esto motivó las acusaciones de herejía, principalmente por parte de grupos presbiterianos y bautistas cuyas congregaciones estaban abandonando sus movimientos para hacerse parte de los Discípulos de Cristo. Con el tiempo, nuestra denominación volvió a usar el término "trinidad" para hablar de la unidad de Dios. Como hemos dicho reiteradamente, la ICDC cree y afirma la doctrina de la trinidad.

E. La pública confesión de fe

Ya hemos visto la importancia de la confesión de fe en la tradición Discípulos de Cristo. Lo que resta decir es que la confesión de fe debe ser pública. Es decir, debe hacerse frente a otras personas creyentes y preferiblemente ante la congregación en pleno.

La confesión es un acto integral de toda la persona del creyente ante toda la revelación de Dios en Jesucristo. En la confesión de Jesucristo como

Señor está el corazón, que siente y cree; la mente, que conoce y se arrepiente; y la voluntad, que obedece al Señor en todas las cosas.[17]

La tradición Discípulos entiende que la pública confesión de fe es el primero de los dos actos formales necesarios para ser miembro de la Iglesia. El segundo acto es el bautismo. En términos teológicos, la ICDC entiende que la pública confesión de fe marca el comienzo del proceso de salvación y santificación de la persona que cree.

F. Practicamos el bautismo[18]

La fe cristiana entiende que hay una serie de actos que Dios ordena o requiere de los creyentes en específico, y de la humanidad, en general. Se entiende que Dios otorga su gracia y bendice a las personas que cumplen estos mandatos. La mayor parte de las tradiciones cristianas usan la palabra "sacramento"[19] para referirse a estos actos religiosos, que pueden incluir el bautismo, la Cena del Señor, el matrimonio y la unción antes de morir (la extremaunción), entre otros.

Siguiendo el precepto de usar nombres bíblicos para las cosas bíblicas, históricamente la ICDC ha preferido usar el término "ordenanza" en lugar de "sacramento".[20] Del mismo modo, nuestra iglesia sólo reconoce dos ordenanzas: el bautismo, ordenado por Cristo en Mateo 28:19;[21] y la Cena del Señor, ordenada por Cristo en I Corintios 11:23-26.[22]

El bautismo es un acto simbólico por medio del cual el creyente se identifica con Jesucristo (véase Romanos 6:1-11). Al ser inmersa bajo las aguas, una persona se identifica con la muerte de Jesús, quien fue sepultado bajo tierra. Al salir de las aguas, la persona que cree se identifica con el Cristo resucitado, quien salió de la tumba que le encerraba. El bautismo simboliza que la persona creyente ha resucitado a una nueva vida con Cristo. Por medio del bautismo, una persona afirma públicamente que ha entrado en una relación de pacto con Dios, con otros creyentes y con toda la humanidad.

Dado que la palabra "bautismo" proviene del verbo griego "bápto", que significa "sumergir", la ICDC practica el bautismo por inmersión. Además, como el bautismo expresa simbólicamente que la persona ha entrado en una relación de pacto con Dios, la ICDC sólo bautiza creyentes, es decir, personas con suficiente edad para comprender lo que significa confesar a Jesucristo como Señor y salvador. Por definición, esto implica que nuestra denominación no bautiza infantes. La mayor parte de nuestras congregaciones requieren que las personas candidatas al bautismo tengan, como mínimo, unos 11 ó 12 años de edad.

Un tema importante es cómo tratar a personas creyentes que provienen de denominaciones que practican el bautismo infantil. La inmensa mayoría de las congregaciones Discípulos de Cristo no requieren que un creyente que se une a nosotros por traslado sea bautizado nuevamente. Si la persona entiende que ya ha sido bautizada y da buen testimonio de su fe, no es necesario volver a bautizarla. No obstante, debemos reconocer que muchos creyentes que han sido bautizados cuando niños deciden volverse a bautizar cuando se les explica el significado del ritual, de acuerdo a Romanos 6. Del mismo modo, hay algunas congregaciones que requieren o hasta esperan que la persona se vuelva a bautizar. Este es otro de esos puntos donde los Discípulos de Cristo diferimos.

G. Celebramos la Cena del Señor[23]

La Cena del Señor es la segunda ordenanza reconocida por la ICDC. En obediencia a las Sagradas Escrituras, nuestra iglesia se reúne cada "primer día de la semana" (Hechos 20:7), es decir, cada domingo para "partir el pan". La celebración de la Cena del Señor cada domingo es una de las señales distintivas de nuestra denominación.

A diferencia de otras tradiciones donde sólo ministros ordenados pueden oficiar la Cena del Señor, en la tradición Discípulos de Cristo los ancianos, las ancianas, los diáconos y las diaconisas toman parte activa de la celebración. De hecho, en muchas de nuestras congregaciones el cuerpo de ancianos oficia la Cena del Señor, aún cuando el pastor o la pastora estén presentes.

Nuestra denominación no tiene un formato específico para la celebración de la Cena del Señor. Aunque en la mayor parte de las congregaciones se celebra al final del culto, en otras la Cena se administra antes de la predicación. Este es un vestigio del tiempo cuando muchas congregaciones no tenían ministros que predicaran regularmente. Aunque en la mayor parte de las congregaciones los diáconos y las diaconisas llevan la Cena hasta las bancas donde la gente está sentada, en otras la congregación pasa al frente para tomar un pedazo de pan y mojarlo en una copa común. Estas prácticas ejemplifican la diversidad y la libertad de criterio que ofrece nuestra tradición.

Dado que la ICDC entiende que la mesa es del Señor, queda claro que Dios es quien invita a la mesa. Dios es el "oficiante" que ofrece la Cena del Señor. Hasta el ministro mismo es un invitado a la mesa divina. Por lo tanto, ninguna persona puede excluir a nadie de participar en la Cena. Toda persona creyente está invitada a participar de la mesa, sabiendo que tiene la responsabilidad de examinarse a sí misma ante Dios en preparación para su participación.[24] Esta práctica se conoce como la "comunión" o la "mesa abierta".

Al igual que el bautismo, la Cena del Señor ofrece una hermosa oportunidad para identificarse con la vida y la obra de Jesucristo.[25] El bautismo nos recuerda su muerte y su resurrección mientras que la Cena evoca su sacrificio en la cruz y las bodas del cordero (compare Mateo 26:29 con Apocalipsis 19:9), donde todas las personas salvas cenarán con el Cristo resucitado y triunfante. En resumen, por medio de la Cena del Señor la comunidad cristiana reafirma el pacto de amor que nos une a Dios, recuerda la obra de Cristo y anuncia la plenitud del Reino de Dios.

H. Estudiamos la Biblia

Como indicamos al principio, las personas que fundaron la ICDC abogaban por un retorno a las Escrituras, que a su juicio contenían "todas las cosas esenciales" para nuestra salvación.[26] Esto explica por qué nuestra tradición presta tanta importancia al estudio de las Sagradas Escrituras, exhortando a cada creyente a estudiarlas por sí mismo. En fin, cada persona debe acercarse a la Biblia con "inteligencia reverente".[27]

Otro elemento que caracteriza a nuestra tradición es la afirmación de la primacía del Nuevo Testamento sobre el Antiguo. Esto no quiere decir que negamos o que menospreciamos las enseñanzas de la Biblia Hebrea. Lo que quiere decir es que leemos el Antiguo Testamento a la luz de la obra redentora de nuestro Señor Jesucristo, el Mesías enviado por Dios.

I. Cada creyente es un ministro[28]

Uno de los principios básicos del protestantismo es la doctrina del "sacerdocio universal del creyente". Esta doctrina afirma que toda persona que ha creído en el mensaje del evangelio tiene la responsabilidad de dar testimonio de su fe, de edificar a los demás creyentes, de llamar a otras personas a la fe, de ayudar a las personas necesitadas y de luchar contra el mal. En este sentido, todo creyente es un siervo o "ministro" del evangelio.

Ahora bien, si bien es cierto que todo creyente está llamado a ser un ministro del evangelio, también es cierto que las congregaciones cristianas llaman a personas en las cuales delegan ciertas funciones y tareas especiales. En la tradición Discípulos de Cristo, las personas que ocupan estos ministerios especiales deben verse como representantes de la congregación. Sus ministerios separados no los convierten en personas jerárquicamente superiores a las demás.[29] Por el contrario, la autoridad del ministro es delegada por la congregación.

La tradición Discípulos de Cristo reconoce tres "órdenes" del ministerio cristiano. Estas son:

1. *Pastor o pastora:* Esta persona predica el evangelio y vela por el bienestar integral de la congregación. Aunque es llamada a servir por la Iglesia local, es ordenada o licenciada por el nivel regional.[30] Aparte

de pastorear congregaciones, algunos ministros Discípulos de Cristo ejercen otras funciones tales como administrar organizaciones religiosas, enseñar o servir como capellanes.

2. *Anciano o anciana:*[31] Estas son personas laicas de gran madurez en la fe que forman parte del equipo pastoral de la iglesia. Entre otras tareas, ofician la Cena del Señor.

3. *Diácono o diaconisa:* Colaboran en la preparación de la Cena del Señor y en la administración de la congregación.

Estudiaremos a fondo las respectivas tareas de quienes desempeñan estas posiciones en el próximo capítulo.

J. Creemos en la unidad de la Iglesia

La ICDC entiende y enseña que Dios tiene una sola iglesia en el mundo, compuesta por todas aquellas personas de fe que viven en comunión con Dios y hacen su voluntad. Sin embargo, el pueblo cristiano está dividido en un sinnúmero de grupos, sectas y denominaciones. Estas divisiones contradicen la verdad teológica de que Cristo tiene una sola iglesia en el mundo.

De acuerdo a Juan 17, nuestro Señor Jesucristo intercedió ante Dios en oración pidiendo la unidad de su pueblo: "Yo en ellos, y tú en mí, para que sean perfectos en unidad, para que el mundo conozca que tú me enviaste, y que los has amado a ellos como también a mí me has amado" (Juan 17:23). La ICDC ha interpretado esta oración como una condena de las divisiones entre los movimientos cristianos y, por lo tanto, como un llamado a la unidad.[32]

Si queremos que el mundo crea nuestro mensaje, debemos estar unidos. De otro modo, el mundo no creerá nuestra proclamación del Evangelio. Esto nos lleva necesariamente a concluir que las divisiones son escandalosas, pues entorpecen la tarea misionera de la iglesia.

Todo esto explica por qué la ICDC trabaja en conjunto con otras denominaciones cristianas, buscando manifestar la unidad del pueblo de Dios. Nuestra denominación entiende que las asociaciones y los concilios de iglesias pueden hacer unidos lo que una sola denominación no puede hacer por sí sola.[33] La lucha contra la esclavitud durante el siglo XIX y la lucha a favor de los derechos civiles en los grupos afro-americanos durante el siglo XX son ejemplos de la veracidad de este principio. Sin embargo, debe quedar claro que nuestra denominación no aspira a formar parte de una Iglesia Unida en el mundo,[34] como han dicho algunos demagogos. Buscamos unidad dentro de la diversidad. Podemos trabajar a favor de varias causas nobles en unión a personas de otras denominaciones sin renunciar a nuestros principios teológicos y pastorales.

K. Afirmamos la misión cristiana

La ICDC entiende que la iglesia tiene una misión que cumplir. La iglesia tiene una misión porque sirve a un Dios misionero que ama a la creación, y que desea salvar a la humanidad del pecado y de la muerte.

> …la gestión misionera es iniciativa de Dios, donde Dios interactúa con su creación y su pueblo de manera insospechada y donde la gestión misionera

es colaboración y objeto de misión simultáneamente. La misión es de Dios y Dios
protagoniza la misión. La comunidad de fe, con
los agentes de misión, son eso mismo, agentes de
la misión de Dios, pero no los protagonistas de la
misión.[35]

Dios llama a la iglesia a tomar parte en su misión
salvadora. Sin embargo, esa misión tiene muchas facetas.
La evangelización y la plantación de nuevas congregaciones son sólo dos de ellas. No debemos olvidar, pues,
que la lucha por la justicia social y la defensa de las personas
más vulnerables de la sociedad también forman parte de
la misión que Dios ha encomendado a su iglesia.

L. Adoramos con libertad

Como indicamos anteriormente, la ICDC no tiene un
orden de adoración fijo que cada congregación deba seguir.
Si bien existen diversos libros e himnarios que ofrecen
ayudas para la adoración, en realidad cada congregación
tiene la libertad de desarrollar su propio estilo de adoración
comunitaria.[36]

Aunque nuestra tradición Discípulos de Cristo no
ofrece un orden de culto o una liturgia que seguir, sí ofrece
principios que debemos tener presentes a la hora de diseñar
nuestros servicios de adoración. Uno de los principios
claves es la celebración de las ordenanzas, es decir, del
bautismo y de la Cena del Señor.[37] Otro principio
importante es el desarrollo de una adoración basada en la
Biblia, interpretada siempre a la luz de la persona de
Jesucristo.[38] Aún otro principio es el énfasis misionero,
dado que el servicio de adoración no sólo debe alimentar

espiritualmente a las personas que ya han creído sino que debe tratar de alcanzar a las personas que todavía no han entrado en una relación con Dios. Nuestra adoración tiene dimensiones evangelizadoras y misioneras.[39]

Ahora bien, recalcamos que estos principios deben ser estudiados por el liderazgo de cada congregación, pues en nuestro sistema de gobierno congregacional esas son las personas encargadas de organizar, dirigir y evaluar sus servicios de adoración.[40]

M. Practicamos la mayordomía

La teología cristiana utiliza la palabra "mayordomía" para referirse a la administración de los bienes que Dios le da a cada creyente. Si partimos de la idea de que Dios es el creador de todo lo que existe, queda claro que todo lo que tenemos le pertenece a Dios. Los seres humanos, más que dueños, somos administradores de bienes que le pertenecen a Dios (véase Génesis 1:27-30). Por lo tanto, cada persona creyente debe administrar con sabiduría los recursos que Dios le ha dado.

Nuestra iglesia entiende, pues, que las personas de fe deben sostener los esfuerzos misioneros de la comunidad cristiana con sus ofrendas. Hay varias formas de ofrendar. Algunas de estas son:

1. *El diezmo:* Consiste en el donativo de la décima parte de nuestros ingresos. Por ejemplo, si una persona tiene un ingreso semanal de $360, su diezmo debe ser $36 semanales.

2. *Las promesas:* Las personas que no tienen un ingreso fijo pueden ofrendar por medio de promesas. Por ejemplo, una persona puede comprometerse a

ofrendar $1,500 durante el próximo año, independientemente de los ingresos que tenga. Muchas congregaciones promueven las promesas para causas especiales, tales como la recaudación de fondos para construir un templo nuevo.

3. *Los donativos de bienes:* Nuestras congregaciones aceptan donativos de dinero, libros, máquinas, terrenos o edificios por parte de sus feligreses y simpatizantes. Aunque la mayor parte de estos donativos se hacen en vida, también es posible hacerlos por medio de herencias. Dependiendo de su valor, el donativo de bienes como estos puede requerir la redacción de documentos legales que permitan la transferencia de estos dineros, artículos o propiedades.

Aunque la inmensa mayoría de las congregaciones hispanas y bilingües promueven el diezmo, existen algunas congregaciones que no cultivan esta práctica. Este es otro de los muchos puntos donde los Discípulos de Cristo diferimos.

IV. Conclusión

La historia de la ICDC ha moldeado en gran parte las creencias básicas de nuestra denominación. Del mismo modo, estas creencias básicas sientan las bases sobre las cuales se desarrolla la forma de gobierno de nuestra iglesia. Habiendo visto la historia y las creencias de la ICDC, pasemos, pues, a estudiar el gobierno de nuestra denominación.

4

El gobierno de la ICDC

I. Introducción

Todas las denominaciones e iglesias cristianas tienen que tomar decisiones importantes para su vida institucional. La única manera de tomar dichas decisiones es por medio de un sistema de gobierno interno que cree, supervise y sustente las diversas estructuras de la organización. Un sistema de gobierno permite que una iglesia o denominación certifique personas para ejercer el ministerio, supervise el trabajo de las congregaciones y maneje sus finanzas. Del mismo modo, el sistema de gobierno permite el manejo de conflictos y ofrece criterios para resolver los problemas que pueda confrontar una institución religiosa.

A través de los siglos, las diferentes iglesias y denominaciones han usado tres formas básicas de gobierno eclesiástico: el gobierno episcopal, el gobierno presbiteriano y el gobierno congregacional.

A. El gobierno episcopal

En la forma de gobierno episcopal, la iglesia o denominación es dirigida por obispos. Esta palabra proviene del Nuevo Testamento, donde aparece como la traducción del vocablo griego "epíscopos", una palabra que quiere decir literalmente "supervisor". Durante los primeros siglos de la vida de la iglesia, la palabra obispo se utilizaba en dos sentidos distintos.[1] Por un lado, en algunos manuscritos se le llama obispo a cualquier persona que pastoree una congregación. Por otro, en la mayor parte de los escritos antiguos el obispo es un ministro que escoge, ordena y supervisa al resto de los ministros que trabajan en una región. Por lo regular, el obispo tiene a su cargo la congregación más grande o importante de la región, aunque su cargado itinerario de viaje le obliga a delegar el cuidado pastoral diario a sus ministros asociados. En ocasiones, los obispos forman consejos episcopales para tomar decisiones en conjunto, para nombrar otros obispos o para elegir un obispo que presida el grupo.

Son muchas las denominaciones e iglesias que practican un gobierno episcopal. Aunque la primera que viene a nuestra mente es la Iglesia Católica Romana, la realidad es que la Iglesia Episcopal,[2] la Luterana[3] y la Metodista[4] también son dirigidas por obispos. Del mismo modo, el gobierno episcopal es común entre grupos de tradición pentecostal, como las Asambleas de Dios[5] y la Iglesia de Dios (Cleveland),[6] que emplean los términos "supervisores" o "superintendentes" en lugar de "obispos".[7]

B. El gobierno presbiteriano

Otra forma de organizar el trabajo de una iglesia o denominación es por medio del gobierno presbiteriano. En la forma de gobierno presbiteriana, la iglesia o denominación es gobernada por un organismo que agrupa al cuerpo ministerial y a representantes de las distintas congregaciones. La palabra "presbiteriano" proviene del vocablo griego "presbíteros" que literalmente quiere decir "anciano".[8] Esta palabra también se emplea en el Nuevo Testamento con dos sentidos distintos. En algunos textos bíblicos tal parece que "anciano" es el título dado al pastor de una congregación. Sin embargo, a veces parece que se refiere a líderes reconocidos como tales porque que han demostrado su madurez en la fe.

Las Iglesias Presbiterianas[9] y Reformadas[10] son las que emplean principalmente esta forma de gobierno. En estas denominaciones, los ministros y representantes de las congregaciones en una región forman una organización llamada "presbiterio". Esta organización toma sus decisiones de manera democrática para que los ministros y los delegados de las congregaciones puedan votar sobre los distintos asuntos pertinentes a la denominación. En este sentido, el gobierno presbiteriano es como una democracia representativa donde cada congregación expresa su voluntad por medio de sus delegados al presbiterio.

C. *El gobierno congregacional*

Bajo esta forma de gobierno, cada congregación toma sus propias decisiones.[11] La iglesia local toma sus decisiones por medio de votaciones en asambleas congregacionales. Por lo regular, todas aquellas personas que sean miembros de la iglesia pueden votar sobre los distintos asuntos pertinentes a la vida congregacional.

Algunas congregaciones llevan a cabo asambleas cada vez que necesitan tomar alguna decisión. Sin embargo, la mayor parte de las congregaciones que usan esta forma de gobierno tienen una sola asamblea ordinaria al año. En esta asamblea se elige una mesa directiva que se reúne periódicamente para recibir informes y para tomar decisiones.

Muchas congregaciones independientes emplean esta forma de gobierno. Sin embargo, es común que iglesias locales de gobierno congregacional se unan en asociaciones de iglesias o hasta en denominaciones. El ejemplo típico de esta forma de gobierno son las Iglesias Bautistas.[12]

II. El Gobierno Discípulos de Cristo[13]

El gobierno de la ICDC es básicamente congregacional aunque ha sido modificado con ciertos elementos del gobierno representativo del sistema presbiteriano y hasta con ciertos elementos episcopales. Como veremos más adelante, nuestro gobierno emplea principios y prácticas de las tres formas de gobierno explicadas anteriormente.

El documento que explica y determina el gobierno de la ICDC se llama el "Diseño".[14] Este documento, que funciona como la constitución de la ICDC, estipula que en nuestra iglesia existen tres niveles de gobierno que trabajan unidos por un pacto de amor en Cristo: el nivel local, el nivel regional y el nivel general. Pasemos, pues, a ver cada uno de estos elementos en detalle.

III. El Gobierno de la Iglesia Local

La base de la ICDC son las congregaciones que, unidas por el pacto de amor en Cristo, se unen para formar nuestra denominación. La iglesia local es la institución básica en el gobierno de los Discípulos de Cristo.

Cómo indicamos anteriormente, nuestro gobierno es básicamente congregacional. Esto quiere decir que cada una de nuestras congregaciones es libre para organizar su vida comunitaria como bien prefiera. La iglesia local decide dónde localizarse, cuántos cultos llevar a cabo semanalmente, qué servicios ofrecerá a la comunidad, cuál será su estilo de adoración y a quién llamará para que sirva como su pastor o pastora.

El pastor o la pastora es la persona responsable de la enseñanza, el cuidado pastoral, y el trabajo administrativo de la iglesia local. El ministro predica el evangelio, procurando que la gente entre en una relación personal con Dios por medio de Jesucristo en el poder del Espíritu Santo. Una vez una persona acepta a Jesucristo como Señor y salvador, el pastor o la pastora le enseña los principios básicos de la fe. La meta del ministro es que cada creyente alcance la madurez espiritual necesaria para poder ser testigo fiel del Evangelio. Deseamos que cada creyente sea verdaderamente un "discípulo de Cristo" que enseñe el evangelio a los demás.

El ministro es, además, el funcionario y administrador principal de la iglesia. Como tal, es miembro "ex-oficio" (es decir, en virtud de su puesto) de todas las organizaciones de la iglesia local. Además, representa a la congregación ante los niveles regionales y generales de nuestra denominación.

La iglesia local toma sus decisiones por medio de votaciones en asambleas congregacionales. En la tradición Discípulos, toda persona que sea miembro de la congregación, ya sea por bautismo o por traslado de otra iglesia, tiene derecho a votar en la asamblea. Por lo regular, nuestras congregaciones llevan a cabo sólo una asamblea ordinaria al año. Allí se presentan los informes de trabajo y de finanzas de ese año. Además, en dicha asamblea también se escogen las personas que formarán parte de la nueva mesa directiva de la congregación. De ser necesario, una congregación puede convocar asambleas extraordinarias para discutir asuntos de crucial importancia, tales como el llamamiento de un nuevo pastor o de una nueva pastora, la compra o venta de propiedades o la elección de nuevos miembros a la mesa directiva, entre otros.

La mesa directiva representa a la asamblea de la iglesia cuando ésta está en receso. Electa en la asamblea ordinaria, la mesa directiva puede llamarse de distintas maneras. El nombre más común en "Junta de Oficiales". Sin embargo, algunas congregaciones llaman a este cuerpo la "Junta de Síndicos", la "Junta de Gobierno" o la "Junta Directiva", entre otros nombres. En ocasiones, una congregación muy grande nombra dos mesas directivas, una pequeña que sólo agrupa a los líderes claves de la congregación y otra más grande donde participan todas las personas que presiden comités o dirigen ministerios congregacionales. En estos casos, el cuerpo más pequeño puede llamarse "Junta de Síndicos" y el más grande "Junta de Oficiales". Empero, recalcamos que la elección del nombre de estos cuerpos directivos es prerrogativa de la iglesia local.

La mesa directiva de nuestras congregaciones, por lo regular, agrupa a las personas que sirven en los siguientes puestos de trabajo:

1. *La presidencia:* El moderador o la moderadora es la persona que preside las asambleas congregacionales y las reuniones de la mesa directiva. Este es un puesto de gran importancia en nuestro sistema de gobierno, pues ésta es la persona que convoca las reuniones tanto de la mesa directiva como de la asamblea congregacional. Además, esta persona es la que prepara la agenda de las reuniones, es decir, quien decide qué asuntos van a tratarse en cada reunión. Finalmente, el moderador o la moderadora puede nombrar comités de trabajo para atender distintas áreas de la vida de la iglesia local. Algunas de nuestras congregaciones emplean el título "presidente" en lugar de "moderador". Sin embargo, debe quedar claro que esta persona no "preside" la iglesia como tal sino que modera las reuniones de la misma.

2. *La vice-presidencia:* El vice-moderador o la vice-moderadora sustituye a quien ocupa la presidencia cuando sea necesario. La sustitución puede ser temporera, como en el caso de viajes o enfermedad, o puede ser permanente como en el caso de que el moderador o la moderadora renuncie. Algunas de

nuestras congregaciones prefieren usar el título "vice-presidente".

3. *La tesorería:* Este es un puesto clave en la tradición Discípulos de Cristo. Esta persona tiene la responsabilidad de velar por la buena administración de los recursos financieros de la iglesia local. En particular, supervisa la colecta de las ofrendas, el depósito del dinero recogido y la contabilidad de los ingresos y gastos. Además, procura que se preparen informes económicos sobre el flujo del dinero congregacional. Las congregaciones Discípulos acostumbran ofrecer informes económicos detallados en cada Asamblea ordinaria; informes que son distribuidos a toda la feligresía de la congregación. Queda claro que la persona que ocupe la tesorería no sólo debe tener conocimiento financiero sino que también debe tener integridad moral. La congregación también puede tener un sub-tesorero o una sub-tesorera. Del mismo modo, una congregación grande puede contratar un administrador o una administradora profesional. Nótese que, en nuestra tradición, el pastor o la pastora nunca debe servir como tesorero o tesorera de la Iglesia local.

4. *La secretaría:* El secretario o la secretaria es la persona que toma las notas de las reuniones tanto de la mesa directiva como de la asamblea. Estas notas de trabajo se convierten en documento legales, pues recogen las decisiones de los cuerpos directivos de la iglesia local. Las notas deben ser presentadas a la mesa directiva para ser estudiadas y aprobadas. Antes de

ser aprobadas, las notas de trabajo se llaman "minutas". Después de aprobarse, las "minutas" se convierten en "actas". Las actas deben archivarse en un lugar seguro, pero que esté accesible a la congregación. La congregación también puede tener un sub-secretario o una sub-secretaria.

La iglesia local tiene el derecho de incluir otras personas en la mesa directiva. Por lo regular, nuestras congregaciones incluyen a las personas que sirven como diáconos y diaconisas; ancianos y ancianas; y a quienes presiden los distintos comités de trabajo o "ministerios" de la iglesia local.

1. *Ancianos y Ancianas:* La iglesia local debe elegir personas maduras en la fe, cuyo ejemplo sea digno de imitar, para colaborar con el pastor o la pastora de la iglesia local en varias tareas ministeriales. Por ejemplo, oficinan la Cena del Señor, visitan personas enfermas, evangelizan, visitan personas nuevas en la fe y ministran a quienes han cesado de asistir a la iglesia. En algunas congregaciones, la Junta o el Comité de Ancianos y Ancianas se encarga del bienestar espiritual de la congregación, dejando la administración en manos de la mesa directiva.

2. *Diáconos y Diaconisas:* La iglesia local también debe nombrar personas maduras en la fe que se encarguen de llevar varias tareas relacionadas con la celebración de los cultos y el cuidado del templo. Por ejemplo, los diáconos y las diaconisas preparan la Cena del Señor, reparten la misma y colectan las ofrendas,

entre otras tareas. Estarán atentos también a ofrecer socorro material y económico a personas o familias en necesidad.

La iglesia local puede nombrar todos aquellos comités de trabajo o "ministerios" que necesite. Algunos comités que se encuentran comúnmente en nuestras congregaciones son los siguientes:

1. *Adoración y Programa:* Este comité se encarga de programar y organizar los cultos y las actividades que llevan a cabo la congregación. Por lo regular, prepara un calendario cada mes, indicando qué actividades habrá y quienes participarán en las mismas. Este comité trabaja de cerca con el pastor o la pastora, quien tiene la responsabilidad de velar por la calidad de adoración y aprobar las personas que van a participar en los distintos cultos. No debe confundirse con los grupos de adoración que dirigen los cánticos en los cultos regulares de la iglesia.

2. *Educación Cristiana:* Este ministerio coordina las distintas actividades educativas que lleva a cabo la congregación. El comité dedica la mayor parte de su tiempo a manejar la Escuela Bíblica Dominical, que es la actividad educativa principal de una iglesia local. Sin embargo, también debe coordinar las conferencias, los talleres educativos y los retiros espirituales que celebre la congregación.

3. *Evangelización y Misión:* La tarea principal de este comité es coordinar los esfuerzos evangelísticos de la iglesia local, procurando alcanzar personas que todavía no han aceptado el Evangelio de Jesucristo. Por lo regular, estos esfuerzos evangelísticos incluyen

la visitación a la comunidad, el diálogo pastoral con personas relacionadas a miembros de nuestra congregación, los servicios en los hogares, las campañas de evangelización y la distribución de literatura religiosa. En coordinación con el comité de educación cristiana, también debe organizar talleres de evangelización. En muchas congregaciones, el comité de evangelización también se encarga de coordinar los esfuerzos misioneros de la iglesia local. Sin embargo, la iglesia puede tener un comité aparte que se encargue de esa tarea si está muy involucrada en las misiones.

4. *Mayordomía y Finanzas:* Este ministerio tiene el propósito de velar por el buen uso de los recursos de la congregación. Por un lado, el comité educa a la congregación en el área de la mayordomía cristiana y mantiene un registro de donantes. Por otro lado, el comité ayuda a la persona que sirve como tesorera a recoger y contabilizar las ofrendas y producir informes de ingresos y gastos. La tarea de educar a la congregación en el área de la mayordomía cristiana puede ser muy ardua. Por eso, algunas congregaciones tienen dos comités: uno de mayordomía y otro de finanzas. Del mismo modo, pueden crearse otros comités de trabajo relacionados al área de las finanzas, tales como el comité de beneficencia, cuyo propósito es ayudar a personas necesitadas, y el de actividades especiales, que organiza eventos para recaudar fondos.

5. *Propiedad:* La congregación se reúne en un templo, ubicado en un local que alquila o que posee. Este local necesita limpieza, mantenimiento y

remodelaciones. El comité de propiedad se encarga de velar por el buen estado del templo y de las demás instalaciones de la iglesia local.

Esta lista no es exhaustiva. La congregación tiene la libertad de nombrar otros ministerios o comités que se encarguen de áreas tales como mantener al día la lista de miembros de la iglesia, producir materiales audiovisuales o coordinar la música que se usa en la adoración. Además, la congregación puede nombrar comités especiales (también llamados "comités ad hoc") que se encarguen de tareas específicas, tales como la celebración de un aniversario, la producción de un anuario o el manejo de la Escuela Bíblica de Verano.

La iglesia local se sostiene por medio de las ofrendas, los diezmos y los demás donativos que hacen sus miembros. En la tradición Discípulos, este dinero debe ser administrado por líderes laicos de la iglesia local. Repetimos, aunque el ministro debe estar bien informado de la situación financiera, nunca debe funcionar como tesorero de la Iglesia local.

La administración de los fondos congregacionales debe estar en las manos de las siguientes personas. En primer lugar, el tesorero o la tesorera de la iglesia tiene la responsabilidad de velar por la recaudación, el depósito y la contabilidad de las ofrendas recibidas. Segundo, el comité de finanzas le ayuda a velar por el buen manejo de los fondos, compartiendo las tareas de contar el dinero, depositarlo y preparar informes financieros. Estos informes deben presentarse en las reuniones de la mesa directiva y en la asamblea anual de la congregación.

Las congregaciones de la ICDC, por lo regular, hacen presupuestos anuales donde estiman cuanto dinero han de recibir y proyectan cómo han de gastarlo. El comité de finanzas tiene la responsabilidad de hacer el borrador del presupuesto para el próximo año fiscal y de presentarlo a la mesa directiva. La mesa directiva debe examinar el presupuesto, haciendo los cambios pertinentes. Finalmente, la congregación en pleno recibe la propuesta de presupuesto en la asamblea anual. La congregación tiene el derecho de revisar, cambiar y aprobar el presupuesto. El presupuesto no es válido hasta que la iglesia local, reunida en asamblea, lo aprueba. Recalcamos que el presupuesto debe aprobarse antes de que comience el año fiscal de la iglesia. Es decir, el presupuesto para el año 2008 debe ser aprobado a finales del 2007, y así sucesivamente.

Un presupuesto congregacional debe tener dos secciones principales: los ingresos y los egresos. La sección que detalla los ingresos, estima cuánto dinero la congregación ha de recibir durante el próximo año. Por lo regular, las fuentes principales de ingresos son los diezmos y las ofrendas regulares. Si la congregación recoge dinero por otros conceptos, tales como ofrendas especiales, ventas de artículos o actividades especiales, también debe incluir en el presupuesto líneas que ofrezcan estimados de cuanto dinero se recibirá por estos conceptos. Finalmente, la sección de ingresos también debe incluir un estimado del dinero que pueda recibirse como ganancia o dividendo de cuentas de ahorro o de inversión.

La sección de egresos proyecta los gastos que la iglesia local espera hacer durante el año fiscal. Las dos áreas que consumen la mayor parte de los recursos son la renta de local y el sostenimiento pastoral. Como indicamos anteriormente, la congregación necesita un local donde pueda reunirse. Muchas congregaciones son dueñas de sus propios locales, aunque otras alquilan locales que pertenecen a otras personas o instituciones. En ambos casos, casi siempre se paga una cantidad de dinero mensual, ya sea una hipoteca a un banco o una renta al dueño del local. El presupuesto debe indicar cuánto dinero va a pagarse durante el año por estos conceptos.

Por su parte, el ministro debe recibir una cantidad de dinero en compensación por su trabajo. En lugar de la palabra "salario", muchas congregaciones Discípulos prefieren hablar de "sostén" o "sostenimiento" pastoral. Dependiendo de los recursos disponibles, el sostén pastoral puede incluir una ayuda o "estipendio" para pagar la casa o apartamento donde reside el ministro, seguro médico, una aportación para el retiro y hasta ayuda para el transporte. El presupuesto debe indicar cuanto será el sostenimiento pastoral para el año fiscal.

En este punto debemos aclarar que las iglesias Discípulos no acostumbran darle al pastor o a la pastora todos los diezmos que entran a la iglesia. Aunque respetamos las denominaciones que siguen esta práctica, la inmensa mayoría de nuestras congregaciones asignan una cantidad de dinero para compensar el trabajo del ministro.

Las ofrendas que la congregación envía para apoyar el trabajo de la denominación constituyen otro egreso importante. Nuestra denominación recoge ofrendas a través del Fondo Misionero de los Discípulos (en inglés, "Disciples Mission Fund"). Las ofrendas enviadas a este fondo se distribuyen a todas las instituciones reconocidas de nuestra iglesia. Específicamente, de cada dólar enviado a este fondo, 50 centavos van a apoyar el ministerio de la región, 40 centavos se designan para sostener los ministerios generales y 10 centavos se reparten entre las instituciones educativas de nuestra iglesia.

El Fondo Misionero también recoge seis ofrendas especiales durante el año. Estas son:

1. *Ofrenda para la Semana de la Compasión:* Estas ofrendas se usan para ayudar a personas u organizaciones que sufren desastres, tales como tornados, terremotos y huracanes en distintas partes del mundo. Se recoge durante el mes de febrero.

2. *Ofrenda de Resurrección:* Está destinada a apoyar el trabajo de los ministerios generales de nuestra denominación. Se recoge al finalizar la Semana Santa, el domingo de Resurrección.

3. *Ofrenda de Pentecostés:* Está destinada a apoyar el desarrollo de nuevas congregaciones. Se recoge durante el día de Pentecostés, que se celebra cincuenta días después del día de Resurrección. Dependiendo del año, el día de Pentecostés puede caer a fines de mayo o principios de junio.

4. *Ofrenda de Reconciliación:* Esta ofrenda se usa para apoyar programas que luchen en contra del racismo y de la pobreza. Se recoge durante el mes de octubre.

5. *Ofrenda de Acción de Gracias:* Está destinada a apoyar el trabajo de las universidades y los seminarios relacionados con nuestra denominación. Se recoge a fines de noviembre, alrededor del día de Acción de gracias.

6. *Ofrenda de Navidad:* Está destinada a apoyar el trabajo de nuestras regiones. Se recoge a fines de diciembre cerca del día de Navidad.

La sección de egresos también debe detallar otros gastos operacionales tales como el uso de agua, electricidad, gas y teléfono; la compra de materiales para la Escuela Bíblica Dominical; y el salario de los demás empleados de la iglesia local, entre otros.

Una vez aprobado, el presupuesto es un documento que tiene fuerza legal. Si el presupuesto indica que el sostenimiento pastoral será de $2,000 al mes, el ministro tiene derecho a recibir esa cantidad de dinero. Igualmente, si el presupuesto designa $2,000 para la compra de materiales educativos, no se puede gastar más de esa cantidad sin permiso de la mesa directiva.

El comité de finanzas debe preparar informes mensuales del flujo de los dineros de la iglesia local. Esto le permitirá a la mesa directiva velar por el buen uso del dinero. Dicho informe debe detallar cuánto dinero se ha recibido y cómo se ha gastado. Además, debe indicar si se está recibiendo la cantidad de dinero esperada y si los gastos exceden las partidas designadas en el presupuesto. Cualquier disparidad debe levantar preocupación en el liderazgo congregacional. Por ejemplo, si se esperaba recibir $3,000 en un mes, pero sólo se reciben $1,000, hay que preguntar por qué la feligresía no está ofrendando. Esto puede llevar a hacer ajustes en el presupuesto, para evitar caer en deudas que afecten la vida de la iglesia. Por otro lado, si a mediados de año no se ha gastado un centavo en la compra de materiales para la Escuela Bíblica Dominical, hay que preguntar por qué no se está usando esta partida.

Una congregación puede tener algunos ingresos y egresos que, por diversas razones, decida dejar fuera del presupuesto anual. Por ejemplo, las congregaciones que desean comprar terrenos o construir templos, acostumbran hacer un presupuesto especial para estos proyectos. Las ofrendas especiales que se reciben "pro-templo" no se incluyen en el presupuesto anual, sino que se contabilizan en el presupuesto especial para construcción.

Finalmente, debemos indicar que la iglesia local debe mantener sus fondos en cuentas bancarias. Estas cuentas deben estar a nombre de la iglesia local; nunca a nombre del ministro o de un feligrés. Por razones de seguridad, se recomienda que los cheques requieran la firma de dos personas, de manera que nadie pueda hacer un cheque sin que otras personas lo sepan. También se recomienda que los fondos de reserva se inviertan en cuentas que devenguen intereses. Existen tres unidades generales que ofrecen oportunidades de inversión: la Junta de Extensión de Iglesias, el Fondo de Pensiones y la Fundación de la Iglesia Cristiana. Discutiremos las funciones de estas organizaciones en la sección titulada "El gobierno al nivel general".

Como hemos visto, las congregaciones Discípulos tienen libertad para tomar la inmensa mayoría de sus decisiones. Las iglesias locales pueden decidir dónde ubicarse, cuál será su programa de trabajo, quién será su pastor o pastora, cuáles líderes participarán en la mesa directiva, cómo administrar sus finanzas y cuál será su estilo de adoración. En todas estas áreas, y en muchas más, las congregaciones de la ICDC tienen autonomía o independencia. Los niveles regionales y generales de nuestra iglesia no pueden imponerle a una congregación un estilo de adoración dado ni pueden obligarla a elegir a una persona a puesto alguno.

Sin embargo, hay otras áreas donde la congregación tiene la oportunidad de trabajar en conjunto con otras expresiones de la ICDC. Por un lado, las regiones y las unidades generales ofrecen servicios a nuestras congregaciones. Por otro lado, las ofrendas de nuestras congregaciones sostienen el trabajo de las regiones y las unidades generales. Por eso, más que dependencia, lo que existe entre los tres niveles de gobierno de la ICDC es interdependencia. Las congregaciones, las regiones y las unidades generales dependen unas de las otras para subsistir. Habiendo dicho esto, pasemos a explicar el gobierno de la ICDC al nivel regional y general.

IV. El Gobierno de la Iglesia Regional

Al momento de escribir este libro, la ICDC en los Estados Unidos y Canadá cuenta con treinta y tres regiones.[15] El conjunto de las congregaciones que se encuentran en un área geográfica determinada forman una "región" que presta servicios tanto a dichas iglesias como a la comunidad que les rodea.

Al igual que las congregaciones, las regiones celebran asambleas donde consideran los asuntos que afectan a todas las iglesias del área, tomando las decisiones pertinentes y eligiendo la mesa directiva regional. Cada congregación tiene derecho a enviar delegados votantes a la Asamblea Regional. La asamblea recibe informes de los distintos funcionarios y comités regionales. Recibe, además, informes económicos y, en muchos casos, aprueba el presupuesto de la región. La Asamblea Regional puede llevarse a cabo anualmente, aunque la mayoría de las regiones celebran su asamblea cada dos años.

Al igual que las congregaciones tienen un pastor o una pastora, la región tiene una persona que sirve como Ministro Regional. Este ejecutivo tiene la responsabilidad de administrar los negocios regionales a la vez que ofrece cuidado pastoral al cuerpo ministerial y al liderazgo laico de la región. Por esta razón, en algunas regiones se le llama "Ministro Regional y Presidente", donde el título "ministro" se refiere al área pastoral y "presidente" al área administrativa. Por ser el funcionario principal de la organización, el ministro regional representa la región ante las demás organizaciones de la ICDC. El ministro regional es electo por la Asamblea Regional.

Dependiendo de su tamaño, la región puede tener varios funcionarios, tales como ministros regionales asociados a cargo de programas para la juventud, las mujeres o los caballeros. Si la región es muy grande, puede estar dividida en áreas. Este es el caso de la región del Suroeste, que comprende los estados de Texas, Nuevo México y parte de Oklahoma. Cada área está dirigida por un ministro de área. La organización de estos cuerpos es similar a la de una región.

Las regiones también tienen mesas directivas que representan a la Asamblea Regional cuando está en receso. Por lo regular, esta mesa directiva regional se llama la Junta Regional (en inglés, "Regional Board"). Los puestos principales de la junta regional son similares a los de la mesa directiva de una iglesia local: moderador o moderadora, vice-moderador o vice moderadora, secretario o secretaria, etc.

La composición de la Junta Regional varía de acuerdo al tamaño de la región. Si la región es pequeña, cada iglesia local puede tener un puesto en la Junta Regional. Sin embargo, si la región es muy grande, la mesa directiva puede estar compuesta de un grupo relativamente pequeño de delegados electos en la Asamblea Regional.

La Región también tiene comisiones o comités de trabajo que se encargan de distintas área de la administración regional. Algunos de estos son:

1. *Comisión ministerial:* Este cuerpo certifica como ministros a las personas que pastorean congregaciones en el área. Es decir, este cuerpo examina las personas que desean pastorear y determina si tienen la habilidad y la madurez para hacerlo. Una persona no puede pastorear una congregación Discípulos si no ha sido ordenada o licenciada por la Región.

2. *Comisión de nuevas congregaciones:* Es el grupo encargado de plantar o recibir nuevas congregaciones Discípulos en la Región. Esta comisión determina dónde se deben establecer las nuevas congregaciones. Del mismo modo, examina los grupos independientes que desean unirse a nuestra denominación.

Las regiones ofrecen varios servicios a las iglesias locales. Algunos de estos servicios son:

1. La Región certifica y supervisa al cuerpo ministerial.

2. La Región ayuda a la congregación a tramitar préstamos, sirviendo como su co-deudora.

3. La Región puede tener campamentos, égidas y otras instalaciones que pueden ser usadas por las Iglesia locales.

4. La Región ofrece asesoramiento en diversas áreas pertinentes al ministerio cristiano.

Como indicamos anteriormente, la relación entre la región y las congregaciones a las cuales sirve es una de interdependencia. Por un lado, la región depende de las ofrendas, los donativos y el trabajo voluntario de las congregaciones para subsistir. Por otro lado, la congregación depende de los recursos y los servicios que provee la región. La Región necesita a las congregaciones y las congregaciones necesitan la región.

V. El Gobierno de la Iglesia General

La ICDC en los Estados Unidos y Canadá se reúne en Asamblea General (en inglés, "General Assembly") cada dos años. Todas las congregaciones de la ICDC pueden enviar a la asamblea a sus ministros, junto con delegados que tienen derecho a hablar y a votar sobre todos los asuntos de negocios. Al igual que las asambleas congregacionales y las regionales, la Asamblea General recibe informes de trabajo, aprueba resoluciones y elige los principales funcionarios de nuestra iglesia.

Del mismo modo que las regiones nombran ministros regionales, la Asamblea General nombra un Ministro General y Presidente de la Iglesia. Esta persona se encarga de ofrecer dirección y cuidado pastoral a toda la denominación, particularmente al liderazgo regional y general. El Ministro General y Presidente es la persona encargada de la organización de las Asambleas Generales, tarea que lleva a cabo mediante el personal de su oficina. Además, el Ministro General y Presidente es un asesor para cada una de las regiones y los ministerios generales de nuestra iglesia.

La Asamblea General también cuenta con una mesa directiva que la representa cuando está en receso. Este cuerpo se llama la Junta General (en inglés "General Board"). La misma está presidida por un equipo de tres personas: un moderador o moderadora y dos personas que sirven como vice-moderadoras. Este trío preside las reuniones de la Asamblea General, las de la Junta General y las del Comité Administrativo (en inglés "Administrative Committee"), un cuerpo pequeño que funciona como la mesa directiva de la Junta General.

Además de estos cuerpos representativos, nuestra denominación cuenta con varias unidades o ministerios generales. Estas organizaciones prestan servicios especializados a las regiones, las congregaciones, el cuerpo ministerial o la feligresía de la ICDC. Además, las unidades y los ministerios generales también sostienen relaciones fraternales con otras denominaciones y buscan servir a la comunidad en general.

Al momento de escribir este material, nuestra denominación cuenta con once unidades generales.[16] A menos que se indique lo contrario, las oficinas centrales de estos ministerios se encuentran en el Centro Discípulos (en inglés, "Disciples Center") en Indianápolis, Indiana.

1. *La Asociación Nacional de Benevolencia* (en inglés, "National Benevolence Association" o NBA): Fundada en el 1887, esta unidad administra hogares para envejecientes y orfanatos para la niñez necesitada. Aunque sus oficinas centrales están en la ciudad de St. Louis, Missouri, la NBA tiene instalaciones y programas en varios estados.

2. *El Consejo Financiero de la Iglesia* (en inglés, "Church Finance Council" o CFC): Esta unidad recibe, contabiliza y distribuye las ofrendas que se reciben al Fondo Misionero de los Discípulos. Además, tiene la responsabilidad de ayudar a nuestras congregaciones a ser mejores mayordomas de los recursos que Dios les ha dado.

3. *El Consejo de la Unidad Cristiana* (en inglés, "Council on Christian Unity" o CCU): Este cuerpo se encarga de mantener, promover y fomentar las relaciones con otras denominaciones. Su misión es promover la búsqueda de la unidad de la iglesia.

4. *La División de Educación Superior y Ministerios sobre el Liderazgo* (en ingles, "Higher Education and Leadership Ministries" o HELM): El propósito principal de este cuerpo es trabajar junto a las universidades y a los seminarios relacionados con los Discípulos, facilitando sus relaciones con nuestras congregaciones y con nuestra feligresía. Sus oficinas centrales están en la ciudad de St. Louis, Missouri.

5. *La División de Ministerios Domésticos* (en inglés, "Division of Homeland Ministries" trabajando bajo el nombre "Disciples Home Missions" o DHM):

Ofrece servicios a las congregaciones Discípulos en todos los Estados Unidos y Canadá. Por ejemplo, DHM coordina el trabajo nacional de las confraternidades de mujeres, ayuda a personas refugiadas y mantiene una lista de ministros disponibles para pastorear congregaciones vacantes.

6. *La División de Ministerios de Ultramar* (en inglés, "Division of Overseas Ministries" o DOM): Esta entidad coordina los esfuerzos misioneros de los Discípulos de Cristo a través del mundo. Trabaja en conjunto con el departamento de misiones de la Iglesia Unida de Cristo (en inglés, "United Christian Church" o UCC), formando así los Ministerios Globales (en inglés, "Global Ministries").

7. *Fondo de Pensiones* (en inglés, "Pension Fund" o PF): Este ministerio provee un plan de retiro para ministros y para personas empleadas por organizaciones relacionadas a nuestra denominación. También ofrece oportunidades para invertir dinero y ayuda a ministros retirados con problemas económicos. Además, el PF administra el plan médico de nuestra denominación.

8. *Fundación de la Iglesia Cristiana* (en inglés, "Christian Church Foundation" o CCF): Esta organización recauda y administra fondos, invirtiéndolos en la bolsa de valores y en otros instrumentos financieros. Sirve tanto a individuos como a organizaciones Discípulos.

9. *Junta Cristiana de Publicaciones* (en inglés, "Christian Board of Publication" o CBP): Ésta es la editorial de

nuestra denominación. Publica libros, material para la escuela bíblica dominical y otros recursos bibliográficos. Sus oficinas centrales están en la ciudad de St. Louis, Missouri.

10. *Junta de Extensión de Iglesias* (en inglés, "Church Extension" o CE): Esta entidad provee préstamos y asesoramiento para aquellas congregaciones que desean construir o renovar sus templos. Además, provee oportunidades para invertir dinero de individuos y de organizaciones Discípulos. También aloja al Ministerio de Nuevas Congregaciones del que hablaremos más adelante.

11. *La Sociedad Histórica de los Discípulos* (en inglés, "Disciples Historical Society" o DHS): Esta organización guarda y archiva documentos relacionados a la historia de la ICDC y de otras denominaciones relacionadas al Movimiento de Restauración. Sus oficinas centrales están en la ciudad de Nashville, Tennessee.

Aparte de las unidades generales, existen varios ministerios generales que también prestan servicios a nuestra hermandad. Estas organizaciones varían mucho entre sí. Algunas son oficinas, otras son asociaciones y aún otras son proyectos comunitarios. Algunos de estos ministerios son:

1. *La Oficina de Comunicaciones* (en inglés, "Comunication Ministries" o CM): Este ministerio produce comunicados de prensa, vídeos y material computarizado. Además, mantiene el portal

electrónico (en inglés, "website") de nuestra denominación (www.disciples.org). Está afiliada a la Oficina del Ministro General y Presidente.

2. *La Oficina del Ministro General y Presidente* (en inglés, "Office of the General Minister and President" o OGMP): Esta organización agrupa a las personas que trabajan en conjunto con el Ministro General y Presidente. Una de sus labores principales es la organización de las Asambleas Generales de la ICDC.

3. *La Oficina Pastoral Central para Ministerios Hispanos* (en inglés, "Central Pastoral Office for Hispanic Ministries" o CPOHM): Tiene la triple función de ofrecer cuidado pastoral a nuestras congregaciones, orientar a todas las expresiones de nuestra denominación sobre cómo trabajar con personas de trasfondo hispano y defender los derechos del pueblo latino en la ICDC. La junta de directores de este ministerio, llamada la Comisión Pastoral para Ministerios Hispanos, responde directamente al Comité Administrativo y a la Junta General de nuestra iglesia.

4. *El Ministerio de Nuevas Iglesias* (en inglés "New Church Ministries" o NCM): Esta organización fomenta y promueve el desarrollo de nuevas congregaciones, ofreciendo orientación, educando ministros y aportando ayudas económicas. Está afiliada a la Junta de Extensión de Iglesias.

5. *El Ministerio de Reconciliación* (en inglés, "Reconciliation Ministries" o RM): Coordina los

programas educativos que buscan erradicar el racismo. Este ministerio está afiliado a la Oficina del Ministro General y Presidente y al Concilio Financiero de la Iglesia.

6. *El programa de la Semana de la Compasión* (en inglés, "Week of Compassion" o WOC): Provee ayuda a individuos y organizaciones que enfrentan desastres tanto en los Estados Unidos como en otras partes del mundo. Este ministerio está afiliado al Consejo Financiero de la Iglesia.

Como explicamos anteriormente, los niveles regionales y generales se sostienen con las aportaciones que hacen las iglesias, las instituciones e individuos al Fondo Misionero de los Discípulos. Este dinero es recolectado, contabilizado y distribuido por el Consejo Financiero de la Iglesia. Como indicamos anteriormente, cada una de las regiones, ministerios generales y organizaciones educativas de nuestra denominación recibe parte de las ofrendas enviadas al Fondo Misionero.

VI. El Gobierno de las Iglesias Hispanas y Bilingües

La Confraternidad Nacional Hispana y Bilingüe (en inglés, "National Hispanic and Bilingual Fellowship") de nuestra iglesia se reúne en asamblea cada dos años, en el año cuando no hay Asamblea General. Toda persona miembro de alguna de nuestras congregaciones es bienvenida a asistir a la Asamblea Hispana. Sin embargo, sólo las personas nombradas como delegadas de las iglesias hispanas y el cuerpo ministerial hispano pueden votar sobre asuntos de negocios. La asamblea recibe informes de trabajo, considera resoluciones y elige a sus oficiales.

El funcionario principal de la Obra Hispana es el Pastor o la Pastora Nacional para Ministerios Hispanos (en inglés, "National Pastor for Hispanic Ministries"). Esta persona tiene cinco tareas principales, que son:

1. Ofrecer cuidado pastoral al cuerpo ministerial y las congregaciones hispanas y bilingües de la ICDC.
2. Asesorar a las regiones, las unidades generales y a las entidades educativas sobre cómo servir mejor a la comunidad hispana.
3. Defender los derechos de las personas, los ministros y las congregaciones hispanas que forman parte de la ICDC.
4. Administrar la Oficina Pastoral Central para Ministerios Hispanos.
5. Representar a la Obra Hispana ante las diversas organizaciones que forman nuestra denominación.

La Asamblea Hispana también elige la mesa directiva de la Obra Hispana. Este cuerpo se llama el Caucus Hispano (en inglés, "Hispanic Caucus"). El mismo está organizado como el resto de las mesas directivas que hemos mencionado anteriormente. Lo que distingue al Caucus es que está compuesto por representantes de las Convenciones Hispanas. Como indicamos en el segundo capítulo, las Convenciones son organizaciones que agrupan congregaciones hispanas y bilingües en un área geográfica. Al momento de escribir este documento, nuestra denominación tiene seis convenciones hispanas que cubren las siguientes áreas:

1. *Arizona:* Incluye las congregaciones hispanas y bilingües en ese estado.
2. *Medio Oeste:* Incluye congregaciones en Illinois, Indiana, Kentucky, Kansas, Missouri y Ohio.
3. *Noreste:* Agrupa las congregaciones en Canadá, Connecticut, New Jersey, New York, Pennsilvania y Washington DC.
4. *Sureste:* Incluye Georgia y Florida.
5. *Suroeste:* Incluye Oklahoma y Texas.
6. *Pacífico:* Agrupa las congregaciones en el sur de California.

Existen algunas congregaciones en áreas remotas, tales como Utah o Washington, que no se relacionan con ninguna de estas convenciones. Esperamos que en el futuro cercano se organicen convenciones que sirvan a dichas iglesias locales.

El Caucus Hispano escoge un grupo de personas que representan a la Junta General, a las Regiones y a las Unidades Generales de nuestra iglesia, para que ayuden a la Obra Hispana a dirigir sus destinos. Cuando el Caucus se reúne con estos representantes se transforma en un cuerpo llamado la Comisión Pastoral para Ministerios Hispanos (en inglés, "Pastoral Commission for Hispanic Ministries"). Este cuerpo funciona como la Junta de Directores de la Oficina Pastoral Central para Ministerios Hispanos. La Comisión Pastoral supervisa el trabajo tanto de la persona que ocupa el pastorado nacional y de su oficina. Cada año, la Comisión Pastoral presenta informes de trabajo al Comité Administrativo y a la Junta General de la ICDC. Esos informes se publican anualmente en el

Anuario (en inglés, "Yearbook & Directory") de nuestra denominación.

La Oficina Pastoral Central para Ministerios Hispanos fue creada en 1991 por acción de la Junta General de la Iglesia. Su propósito es ayudar a las iglesias locales que forman parte de la Confraternidad Hispana y Bilingüe a trabajar de la manera más efectiva posible, en conjunto con las regiones y las unidades de la iglesia. La Oficina Pastoral Central se sostiene por medio de las distribuciones del Fondo Misionero de los Discípulos. Además, la Oficina recibe donativos de iglesias, instituciones e individuos que desean fomentar el desarrollo de los ministerios hispanos "Discípulos de Cristo".

VII. Conclusión

Como hemos visto, el gobierno de nuestra denominación es ciertamente complejo. Esperamos que esta orientación general ayude al liderazgo de las congregaciones hispanas y bilingües a comprender la estructura de nuestra Iglesia. Comprender la estructura de la Iglesia facilita el trabajo en conjunto, mejora la comunicación y nos ayuda a manejar los conflictos en forma más efectiva.

Notas

Chapter 1: Breve reseña histórica de la ICDC

[1]Carmelo Álvarez Santos, s.v. "Iglesias de Cristo" en Wilton M. Nelson, editor general, *Diccionario de historia de la Iglesia* o, en adelante, DHI (Miami: Editorial Caribe, 1989), p. 557.

[2]Tom Olbricht, "Who are the Churches of Christ?" disponible en el internet en la siguiente direccón: http://www.mun.ca/rels/restmov/whoo.html.

[3]Ibid.

[4]En el resto del capítulo seguimos el bosquejo de D. Duane Cummins, *Un manual para los Discípulos de hoy: En la Iglesia Cristiana (Discípulos de Cristo)* Edición revisada (St. Louis: Chalice Press, 1999), pp. 1-13, passim.

[5]Ibid, p. 2.

[6]En este párrafo seguimos a Lester McAllister & Eugene E. Tucker, *Journey of Faith: A History of the Christian Church (Disciples of Christ)* (St. Louis: The Bethany Press, 1975), pp. 106-110.

[7]Cummins, *Un manual,* p. 3.

[8]McAllister & Tucker, *Journey,* pp. 111-114.

[9]Cummins, *Un manual,* p. 5.

[10]Ibid, p. 6.

[11]Ibid.

[12]Ibid, p. 9.

[13]Ibid, p. 11.

[14]Ibid.

[15]McAllister & Tucker, *Journey,* pp. 342-343. Originalmente, este grupo se llamaba la "Convención Nacional de Iglesias de Cristo".

[16]Ibid, pp. 10-11.

[17]Ibid, p. 12.

[18]Para más información, véase *God Is Still Speaking: To Be One Church with One Vision in Latin America and the Caribbean* (Indianapolis: Global Ministries, 2002).

[19]Ibid.

Chapter 2: Esbozo histórico de la Obra Hispana

[1]En este capítulo seguimos los escritos de: Daisy L. Machado, *Of Borders and Margins: Hispanic Disciples in Texas,* 1888-1945 (Oxford: Oxford

University Press, 2003); Byron Spice, *Discípulos Americanos (Spanish American Disciples): Sixty-five Years of Ministry to Spanish Speaking Persons* (Indianapolis: The United Christian Missionary Society, 1964); y David A. Vargas, *Somos uno: Trasfondo histórico de la Confraternidad Hispana y Bilingüe* (St. Louis: Christian Board of Publication, sin fecha).

[2]Machado, *Borders and Margins*, p. 5.

[3]Sobre la historia de los Discípulos de Cristo en México, véase a Ruth Rebecca Leslie & May Ella Wilson. *Los Discípulos de Cristo en México.* México: Por las autoras, 1971.

[4]Sobre la historia de la ICDC en Puerto Rico véase a Joaquín Vargas, *Los Discípulos de Cristo en Puerto Rico: Albores, crecimiento y madurez de un peregrinar de fe constancia y esperanza 1899-1987* (Bayamón: La Iglesia Cristiana (Discípulos de Cristo) en Puerto Rico, 1988). Véase, además, a Krenly Cruz, *Historia del avivamiento del '33 de los Discípulos de Cristo en Puerto Rico* (Bayamón: Por el autor, 2003).

[5]Spice, p. 75.

[6]Ibid, p. 74.

[7]Ibid, p. 76.

[8]Ibid, p. 79.

[9]Domingo Rodríguez publicó parte de sus memorias en *Vivencias y memorias de un pastor* (Bayamón: Por el autor, 1999).

[10]Ibid, pp. 65-66.

[11]Véase a Roberto R. Ramírez y G. Patricia de la Cruz, "The Hispanic Population in the United States: March 2002", p. 1 disponible en el Internet en la siguiente dirección: http://www.census.gov/prod/2003pubs/p20-545.pdf.

[12]Lucas Torres, *Dignidad, CMF/CWF Studies 1975-1976* (St. Louis: Christian Board of Publication, 1975).

[13]Ibid, p. 6

Chapter 3: Creencias básicas de la ICDC

[1]Wayne Detzler, s.v. "Ilustración", DHI, pp. 567-568.

[2]Justo L. González & Zaida Maldonado-Pérez, *Introducción a la teología cristiana,* (Nashville: Abingdon Press, 2003) pp. 7-14, passim.

[3]Lester McGrath-Andino, "Una Iglesia que afirma su historia de salvación" en el libro editado por Esteban González Doble & Fernando Barbosa Álvarez *Una Iglesia para ser y hacer Discípulos* (Bayamón: La Iglesia Cristiana (Discípulos de Cristo), 2002), pp. 11-21.

[4]William Garret West, "Respecto a la Biblia", en James Flanagan, *Lo que creemos* (México: Comisión de Literatura de la Unión de Obreros Discípulos de Cristo en México, sin fecha), p. 23.

[5]*Cáliz de bendiciones: Himnario Discípulos de Cristo* (St. Louis: Christian Board of Publication, 1996), p. 18.

[6]Clarence E. Lemmon, "Respecto de Jesucristo", en *Lo que creemos,* p. 13.

[7]Ronald E. Osborn, *The Faith We Affirm: Basic Beliefs of Disciples of Christ* (St. Louis: The Bethany Press, 1979), p. 26.

[8]Lemmon, "Respecto a Jesucristo", en *Lo que creemos*, pp. 12-13.

[9]Osborn, *The Faith We Affirm*, p. 16.

[10]Harold H. Rowdon, s.v. "Adopcionismo", DHI, pp. 9-10.

[11]G.W. Grogan, s.v. "Docetismo", DHI, pp. 351-352.

[12]John Paul Pack, "Respecto al Espíritu Santo", en *Lo que creemos*, p. 15.

[13]Gabriel Osvaldo Vaccaro & Wilton M. Nelson, s.v. "Pentecostalismo en América Latina", DHI, pp. 839.

[14]Ibid, pp. 839-840.

[15]L. Berkhof, *Teología sistemática* (Grand Rapids: TELL, 1969), p. 635.

[16]Juan Wesley identificaba cuatro momentos o etapas del proceso de recibir la gracia divina que nos lleva a la salvación. Primero, el ser humano recibe la "gracia preveniente", es decir, la que precede a la confesión de fe. Segundo, se recibe la "gracia convincente", esto es, la que nos convence de nuestros pecados y nos conduce al arrepentimiento. Tercero, se recibe la "gracia justificadora", que opera en el momento que aceptamos el mensaje del Evangelio, confesando nuestra fe en Jesucristo. Cuarto y último, se recibe la "gracia santificadora" en la "segunda bendición" que Dios regala al creyente después de la justificación. Para más información, véase a Jorge Bravo, "La doctrina de la gracia y su dimensión actual" disponible en la Internet en la siguiente dirección electrónica: http://www.angelfire.com/pe/jorgebravo/gracia1.htm.

[17]Juan Figueroa, "Una Iglesia que proclama la unidad, la tolerancia y el amor", en *Una iglesia,* pp. 144-14.

[18]Para una explicación más detallada del tema, véase a Pablo A. Jiménez, "Una Iglesia que confiesa al Señor en el bautismo de los creyentes" en *Una iglesia,* pp. 65-76; y a Clark M. Wiliamson, *Baptism: Embodiment of the Gospel, The Nature of the Church, Study Series 4* (St. Louis: Christian Board of Publication, 1993).

[19]En su definición clásica, un sacramento es un acto por medio del cual se transmite la gracia divina al creyente. Estos medios de gracia son efectivos solamente cuando son administrados por ministros debidamente ordenados y cuando la persona que los recibe no resiste la gracia divina. Para más información, véase a Ronald S. Wallace, s.v. "Sacramento", DHI, pp. 933-934.

[20]Hay personas de tradición Discípulos que prefieren usar el término "sacramento". Sin embargo, en vez de usarlo en la manera tradicional, donde el sacramento se vé como un medio de gracia, afirman que un sacramento es un evento por medio del cual una persona establece o renueva una relación de pacto con Dios y con la humanidad. Para una discusión más amplia sobre este punto, véase a Osborn, *The Faith We Affirm,* p. 57 y a Kenneth L. Teegarden, *We Call Ourselves Disciples* (St. Louis: The Bethany Press, 1975), p. 83.

[21]Véase, además, Marcos 16:16 y Hechos 2:38.

[22]Véase, además, Lucas 22:19.

[23]Para una explicación más detallada del tema, véase a James O. Duke & Richard L. Harrison, Jr, *The Lord's Supper: The Nature of the Church, Study Series 5* (St. Louis: Christian Board of Publication, 1993).

[24]Perry Epler Gresham, "Respecto a la Cena del Señor", en *Lo que creemos,* p. 64.

[25]Ibid, p. 65.

[26]Osborn, *The Faith We Affirm,* p. 33.

[27]Ibid, p. 13.

[28]Para una introducción al tema, véase a D. Newell Williams, *Ministry Among Disciples: Past, Present, and Future, The Nature of the Church, Study Series 3* (St. Louis: Christian Board of Publication, 1985).

[29]Carmelo E. Álvarez Santos, "Una Iglesia que sostiene el sacerdocio universal de los creyentes", en *Una iglesia,* p. 59.

[30]Las Iglesias más antiguas de la cristiandad creen en la doctrina de la "sucesión apostólica". Esta doctrina afirma que un ministro cristiano debe ser ordenado por una persona cuya ordenación pueda remontarse a la ordenación del Apóstol Pedro por Cristo mismo. En cierto modo, esta doctrina valida la existencia de las jerarquías eclesiásticas. La ICDC no cree en este principio, afirmando que la autoridad para ordenar ministros radica en la congregación, no en las jerarquías de las Iglesias. Para más información véase a Granville T. Walker, "Respecto al ministerio", en *Lo que creemos,* pp. 91-92.

[31]Para una discusión del rol del anciano en la tradición Discípulos de Cristo, véase a Peter M. Morgan, *Disciples Eldership: A Quest for Identity and Ministry.* Edición revisada (St. Louis: Christian Board of Publication, 2003).

[32]Hampton Adams, "Respecto a la unidad", en *Lo que creemos,* p. 103.

[33]Ibid, pp. 104-105.

[34]Ibid.

[35]Carmelo E. Álvarez Santos; Carlos F. Cardoza-Orlandi; y Luis del Pilar, (editor), *Llamados a construir el reino: Teología y estrategia misionera de los Discípulos de Cristo 1899-1999* (Bayamón: La Iglesia Cristiana [Discípulos de Cristo], 2000), p. 160.

[36]Luis del Pilar, "Una Iglesia que adora y afirma su identidad", en *Una iglesia,* p. 102.

[37]Ibid, p. 100.

[38]Ibid.

[39]Ibid, p. 101.

[40]Ibid, p. 102.

Chapter 4: El gobierno de la ICDC

[1]Peter Toon, s.v. "Obispo" DHI, pp. 793-794.

[2]Philip Edgcumbe Hughes, s.v. "Iglesia Episcopal Protestante", DHI, pp. 548-549.

[3]Carl S. Meyer, s.v. "Luteranismo", DHI, pp. 676-678.

[4]Donald W. Dayton, s.v. "Metodistas de EUA, Iglesias", DHI, pp. 722-724.

[5]Harold D. Rowdon, s.v. "Asambleas de Dios", DHI, pp. 87-88.

[6]Véase a Robert C. Newman, s.v. "Iglesias de Dios", DHI, pp. 558-559; y a Gabriel O. Vaccaro y Wilton M. Nelson, s.v. "Iglesias de Dios en América Latina" DHI, pp. 559-560.

[7]Robert G. Clouse, s.v. "Pentecostales, Iglesias", DHI, pp. 837-838.

[8]Wilton M. Nelson, s.v. "Presbítero", DHI, pp. 869-870.

[9]W. S. Reid, s.v. "Presbiterianismo", DHI, pp. 866-868.

[10]Wilton M. Nelson, s.v. "Iglesias Reformadas", DHI, p. 562.

[11]Gilbert W. Kirby, s.v. "Congregacionalismo", DHI, pp. 274-276.

[12]Ernest F. Clipsham, s.v. "Bautistas", DHI, pp. 127-129.

[13]En esta sección seguimos a Cummins, *Manual*, pp. 54-69, passim.

[14]Este documento se publica regularmente en el anuario de nuestra denominación. Por ejemplo, véase "The Design for the Christian Church (Disciples of Christ)" en *Yearbook & Directory* 2004 (Indianapolis: Christian Church Disciples of Christ, 2004), pp. 612-623.

[15]Puede encontrar información sobre cada una de estas regiones en la sección titulada "Regional Ministries" en www.disciples.org, el portal electrónico de la Iglesia Cristiana (Discípulos de Cristo) en los Estados Unidos y Canadá.

[16]Puede encontrar información sobre las unidades generales en la sección titulada "General Ministries" de www.disciples.org.

Bibliografía

I. Libros, ensayos y artículos

Álvarez Santos, Carmelo E. S.v. "Iglesias de Cristo" en Wilton M. Nelson, editor general, *Diccionario de Historia de la Iglesia*. Miami: Editorial Caribe, 1989, p. 557.

Álvarez Santos, Carmelo E.; Cardoza-Orlandi, Carlos F.; & del Pilar, Luis (editor). *Llamados a construir el reino: Teología y estrategia misionera de los Discípulos de Cristo 1899-1999*. Bayamón: La Iglesia Cristiana (Discípulos de Cristo), 2000.

Álvarez Santos, Carmelo E. & Rodríguez, Raquel E., editores, *Visiones de fe: Reflexiones teológico-pastorales del Rev. Carmelo Álvarez Pérez*. San José: Por los autores, 1984.

Baird, William. *What Is Our Authority? The Nature of the Church Study Series 4*. St. Louis: Christian Board of Publication, sin fecha.

Cáliz de bendiciones: Himnario Discípulos de Cristo. St. Louis: Christian Board of Publication, 1996.

Carpenter, Vere C. *Puerto Rican Disciples: A Personal Narrative of Fifty Years in the Island of Enchantment*. Tampa: The Christian Press, 1960

Cartwright, Colbert S. *People of the Chalice*. Chalice Press, 1987.

Colón-Pagán, Nohemí. *Tú sobrepasas a todas: Contribución de las mujeres a la Iglesia Cristiana (Discípulos de Cristo) 1898-1998*. Bayamón: La Iglesia Cristiana (Discípulos de Cristo) en Puerto Rico, 1999.

Cruz, Krenly. *Historia del avivamiento del '33 de los Discípulos de Cristo en Puerto Rico*. Bayamón: Por el autor, 2003.

Cummins, D. Duane. *Dale Fiers: Twentieth Century Disciple*. Fort Worth: TCU Press, 2003.

____. *Un manual para los Discípulos de hoy: En la Iglesia Cristiana (Discípulos de Cristo)*. Edición Revisada. St. Louis: Chalice Press, 1999.

Duke, James O. *What Sort of Church Are We? The Nature of the Church, Study Series 1*. St. Louis: Christian Board of Publication, sin fecha.

Duke, James O. & Harrison, Jr, Richard L. *The Lord's Supper, The Nature of the Church, Study Series 5*. St. Louis: Christian Board of Publication, 1993.

Figueroa, Inés. *La Iglesia en Puerto Rico: Realidad socioeconómica y respuestas eclesiásticas*. Bayamón: La Iglesia Cristiana (Discípulos de Cristo) en Puerto Rico, 1997.

Flanagan, James Martín, editor. *Lo que creemos*. México: La Comisión de Literatura de la Unión de Obreros de la Iglesia Cristiana (Discípulos de Cristo) en México, sin fecha.

González Doble, Esteban. *Proyectándonos hacia un programa de evangelización integral*. Bayamón: La Iglesia Cristiana (Discípulos de Cristo) en Puerto Rico, 2003.

González Doble, Esteban & Barbosa Álvarez, Fernando, editores. *Una Iglesia para ser y hacer Discípulos*. Bayamón: La Iglesia Cristiana (Discípulos de Cristo), 2002.

Hamm, Richard L. 2020 *Vision: For the Christian Church (Disciples of Christ)*. St. Louis: Chalice Press, 2001.

_____. *From Mainline to Frontline*. Lexington: Lexington Theological Quarterly, 1996.

Jiménez, Pablo A. *Camino al discipulado*. Indianápolis: Oficina Pastoral Central para Ministerios Hispanos, 2003.

Kinnamon, Michael, editor. *Disciples of Christ in the 21st Century*. St. Louis: Christian Board of Publication, 1988.

Leslie, Ruth Rebecca & Wilson, May Ella. *Los Discípulos de Cristo en México*. México: Por las autoras, 1971.

McAllister, Lester, editor. *An Alexander Campbell Reader*. St. Louis: Christian Board of Publication, 1988.

McAllister, Lester & Tucker, Eugene E. *Journey of Faith: A History of the Christian Church (Disciples of Christ)*. St. Louis: The Bethany Press, 1975.

Machado, Daisy L. *Of Borders and Margins: Hispanic Disciples in Texas, 1888-1945*. Oxford: Oxford University Press, 2003.

Morgan, Peter M. *Disciples Eldership: A Quest for Identity and Ministry*. Edición Revisada. St. Louis: Christian Board of Publication, 2003.

Morton, C. Manly. *Isle of Enchantement: Stories and People of Puerto Rico*. St. Louis: Christian Board of Publication, 1970.

_____. *Kingdom Building in Puerto Rico*. Indianapolis: The United Christian Missionary Society, 1949.

Osborn, Ronald E. *The Faith We Affirm: Basic Beliefs of Disciples of Christ*. St. Louis: The Bethany Press, 1979.

_____. *Toward the Christian Church (Disciples of Christ): Intention, Essence & Constitution*. St. Louis: Christian Board of Publication, 1964.

Rivera, Juan Marcos. *Cartas a Jesús*. Lima: Concilio Latinoamericano de Iglesias, 1982.

Rodríguez, Domingo. *Vivencias y memorias de un pastor*. Bayamón: Por el autor, 1999.

Rosa Ramos, Moisés. *Catorce negritos y otros trabajos*. Guaynabo: Editorial Sonador, 1994.

Spice, Byron. *Discípulos Americanos (Spanish American Disciples): Sixty-five Years of Ministry to Spanish Speaking Persons*. Indianapolis: The United Christian Missionary Society, 1964.

Teegarden, Kenneth L. *We Call Ourselves Disciples*. St. Louis: The Bethany Press, 1975.

Torres, Lucas. *Dignidad, CMF/CWF Studies 1975-1976*. St. Louis: Christian Board of Publication, 1975.

Vargas, David A. *Somos uno: Trasfondo histórico de la Confraternidad Hispana y Bilingüe*. St. Louis: Christian Board of Publication, sin fecha.

Vargas, Joaquín. *Los Discípulos de Cristo en Puerto Rico: Albores, crecimiento y madurez de un peregrinar de fe constancia y esperanza 1899-1987*. Bayamón: La Iglesia Cristiana (Discípulos de Cristo) en Puerto Rico, 1988.

Williams, D. Newell. *Ministry Among Disciples: Past, Present, and Future, The Nature of the Church Study Series 3*. St. Louis: Christian Board of Publication, 1985.

Williams, D. Newell, editor. *A Case Study in Mainstream Protestantism: The Disciples Relation to American Culture 1880-1989*. Grand Rapids & St. Louis: Eerdmans & Chalice Press, 1991.

Williamson, Clark. *Baptism: Embodiment of the Gospel, The Nature of the Church Study Series 4*. St. Louis: Christian Board of Publication, 1987.

Yearbook & Directory 2004. Indianápolis: Christian Church
    Disciples of Christ, 2004.

II. Portales electrónicos ("Websites")

www.disciples.org: Portal oficial de la ICDC en los Estados
    Unidos y Canadá
www.discípulospr.org: Portal oficial de la ICDC PR.
www.obrahispana.org: Portal oficial de la Oficina Pastoral
    Central para Ministerios Hispanos.